METsで始める ボディデザイン

スポーツクラブだけが知っている
トレーニング成功の秘訣！

はじめに

自分にぴったりのトレーニングを！

あなたは1年後どんな身体になり、どのような毎日を送っていたいですか。10年後はどんな自分でいたいですか。「もっと健康的な身体になりたい」「もっと筋肉をつけたい」「もっとスリムになりたい」、そして、「健やかで心身ともに満たされた毎日を送りたい」……これらは多くの人の願いかもしれません。そして噂に聞いたダイエットやエクササイズグッズなどを試し、いろいろな努力を繰り返して

います。本書を手にとったあなたも、「どこか変えたい、でもどうすればいいのだろう?」と感じているのではないでしょうか。

　そんなあなたにお届けしたいのが、METsを生かした身体づくりです。METsとは、運動や生活活動の強度を表すとともに、それぞれの身体活動のエネルギー消費量（消費カロリー）を簡単に導き出す、便利な指数です。本書ではMETsのイロハを、具体的な例を示してわかりやすくご紹介します。METsを知っておくと、実に効果的に、あなたにとって適切なトレーニングや生活スタイルがはっきりと見えてきます。

　また本書は「フィットネスクラブ東急スポーツオアシス」が、これまで多くの方々の健康や身体づくりをお手伝いしてきたノウハウをまとめたものでもあります。スポーツクラブのトレーナーだからこそわかるトレーニングのコツや食生活のポイントなど、誰もが知りたいお役立ち情報を惜しみなくご紹介します。

　身体づくりやトレーニングについての「なるほど!」がつまった、この『METsで始めるボディデザイン』を手に、あなたにぴったりのトレーニングを始めていきましょう!　この本を手にとった今この瞬間から、もうあなたのボディデザインは始まっています。

健康で理想的な身体づくりとは？

あなたは今、自分の身体、自分の毎日に満足していますか？

「最近運動不足で太ってしまった」「健診でメタボだと言われた」「子供と遊ぶとすぐに疲れてしまう」「もっとスリムな身体を手に入れたい」……。こんな不満や希望は多くの人が抱いているはず。一方で、ダイエットやトレーニングに挑戦しては失敗している人も少なくありません。

健康で理想的な身体を手に入れるために、一番大切なことは何でしょう。それは**理想を思い描き、現状を見つめながら目標や計画を立てる**ことです。まずは、**できるだけ具体的に「なりたい自分」を思い描きましょう(Vision)。**そしてそのために、**現状を振り返りながら必要な運動や食生活の改善を計画し(Plan)、実行すること(Do)。**最後に、**定期的に今の身体の状態や、運動の効果、生活習慣の変化をチェックすること(See)**も長続きのコツです。理想と現実の違いを客観的に見つめ、少しずつそのギャップを埋めていきましょう。

また実行する内容は、安全で効果があり、継続できることが重要です。無理なく取り組めることを、確実に進めていきましょう。

理想の身体づくりに大切なのは
Vision、Plan、Do、See の4要素。
この繰り返しが重要。

身体づくりのキーワードはMETs!

消費エネルギーをMETsで簡単計算!

自分に合った正しいトレーニングの量や内容を知るにはどうすればいいでしょう。また、忙しい日常生活の中で、効率的にトレーニングを行なう方法はあるでしょうか。

ここで重要になるのが、**運動や活動の強さの度合いを表すMETs(メッツ)という単位。**食事からの摂取エネルギー(=摂取カロリー)と違って、運動による消費エネルギー(=消費カロリー)を正確に把握することは意外と難しいもの。しかし**METsを用いれば、今行なっている運動や活動の消費エネルギーは一目瞭然です。**

自分に合ったトレーニング法が見つかり、身体に無理な負担をかけることなく運動をすることができる。そう、**今、知っておきたい単位がMETsなのです。**

METs

METsをすすめる3つの理由

分かりやすく、安全に
あなたに合った運動をコントロール

①消費エネルギーの量が簡単にわかる

まったく同じ運動をしても、運動をする人の体重によって、消費エネルギーには大きな個人差があります。たとえば40kgの人と80kgの人では同じ運動を同じ時間行なっても消費エネルギーは2倍も異なるのです。METsを用いれば、消費エネルギーの量が簡単に計算できます。

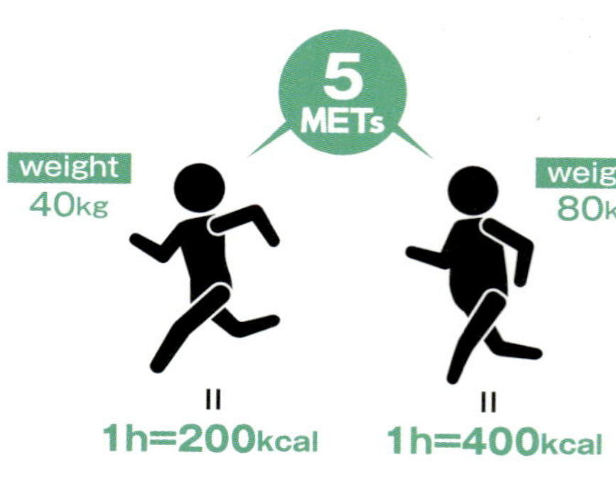

② 目的に合わせて運動を計画できる

「1時間で500kcalを消費するにはどんな運動をすればいい?」。そんな疑問もMETsを使えばすぐに解決。目的に応じたエネルギー消費に必要な運動がわかるので、計画的に効率よく運動できます。

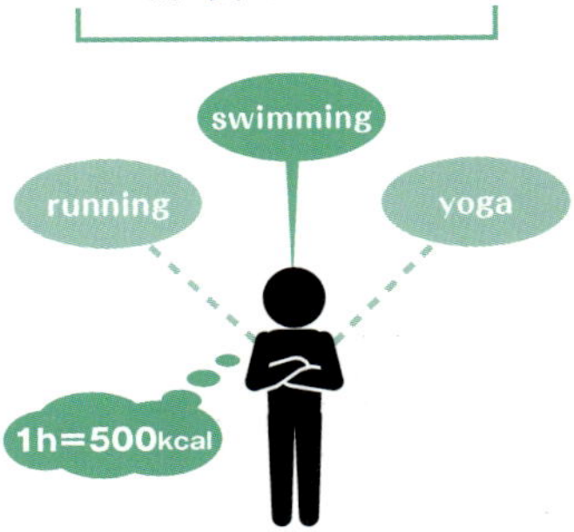

③ 無理なく安全に運動ができる

健康づくりは安全であることが大前提です。激しすぎる運動は、身体への負担になることがあります。特にメタボリックシンドロームに入る人は、過度な負荷による影響も大きく、運動は慎重に選ばなければなりません。そこで使えるのがMETsの一覧表(P154~155)。一般的に3METs以下の運動ならば多くの人が安全にトレーニングを行なうことができるといわれています。

METsとは何か

運動時間と体重をかければ消費エネルギーがわかる

METs(metabolic equivalents［代謝当量］の略)とは、「運動や生活活動の強さ」を表す指数。簡単な例でいうと、静かに座っている状態が1METsで、立ち上がった状態が1.2METsです。そのほか、普通

エネルギー消費量
(kcal)

例2 80kgの人が、5METsの運動(例：速歩)を45分間行なった場合

5(METs)×0.75(時間)×80(kg)
=300kcalの消費

1.2 METs

立っているとき

の歩行が3METs、座っての会話が1.5METsと、それぞれの生活活動や運動が、METsを基準に考えられるのです。**METsに運動時間と体重をかけた数値が、その時間分のエネルギー消費量になる**ので、計算も簡単。それぞれの運動に対するMETsの数値は、厳密な測定環境のもとで計測されています（新たに測定した、陸上および水中運動のMETsをP154で紹介）。

METs × 時間 × 体重 × 1.05※2 **=**

（Ex※1：エクササイズ）　（kg）

例1 50kgの人が、3METsの運動（例：普通歩行）を2時間半行なった場合

3（METs）×2.5（時間）×50（kg）
=375kcalの消費

※1：METs×時間をEx（エクササイズ）という身体活動量の単位で表します。厚生労働省では、週に23Exの活発な身体活動を推奨しています。
※2：エネルギー消費量をより正確に出すための係数。本書では計算をしやすくするため、省いて算出しています。

身近にあるMETs

日々の活動はすべてMETsで表せる

日常生活において、人はさまざまな強度で活動をしています。歩く、走る、読書をする、家事をする、子供と遊ぶ……こうした活動もすべて、METsで表すことができます。

METsの数値は、**身体にかかる負荷（＝きつさ・疲れる度合い）とほぼ比例**するので、慣れてくると日々の生活の中での運動が何METsになるか、わかるようになるはずです。

運動については、これまでに500項目以上のMETs値が測定されています。

あなたが習慣にしている運動は何METsか、またスポーツクラブでの効果的なトレーニングには何METsの運動をどれくらい行なえばいいか、そうした基準がすぐにわかります。**METsを使って身体に余分な負担をかけることなく、かしこく効率のよいトレーニング**を進めていきましょう。

こう使えるMETs！

では、実際にトレーニングを計画していくときに、METsをどのように活用できるのか、具体的なケースを用いて考えてみましょう。

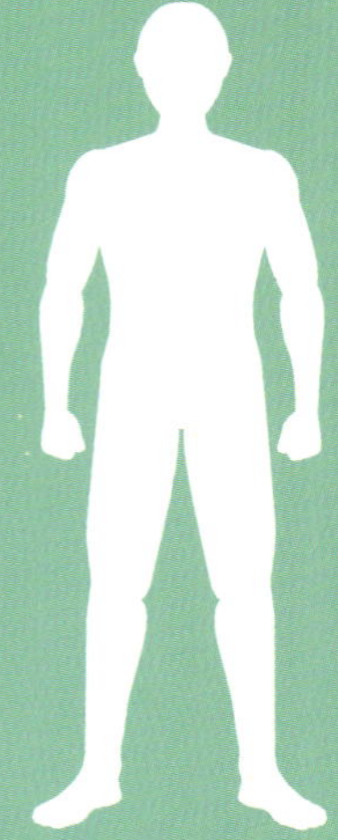

ケースA

男性
体重：70kg
目標：「1か月で1kg、体重（脂肪）を落としたい」

目標体重になるための必要な運動量を求めます！

METs× 時間＝エネルギー消費量 ÷ 体重
（Ex）　　　　（kcal）　　　（kg）

脂肪1kgを落とすには、約7000kcalのエネルギー消費が必要といわれています。これを計算式の消費エネルギーにあてはめます。

7000（kcal）÷70（kg）＝100（METs× 時間）

Aさんの場合、合計で100（METs× 時間）の運動が必要だとわかります。
さらに、Aさんがトレーニングに使える時間数によって、適切なMETsは変わってきますので、左ページのような運動のパターンが考えられます。

Point 上記のエネルギー消費量には、身体活動をしていなくても消費するエネルギー（1METs）分がすでに含まれています。

毎日コツコツ運動する人は…

毎日1時間トレーニングできる人の場合
1か月では、約30時間を運動にあてられます。

100（METs×時間）÷30 ＝約3.3METs

つまり、約3.3METsの運動を1日1時間、1か月行なえば、
目標が達成されるといえます。

3.3METsに近い数値の運動は……

- 普通歩行（4km/時）
- 軽い自転車こぎ
- ボウリング

週2回なら…

週に2度、1時間半ずつのトレーニングが可能な場合
1か月に換算すると、約12時間を運動にあてられることに。

100（METs×時間）÷12 ＝約8.3METs

この場合は、8.3METsと、通常よりもかなりハードな運動が
必要だとわかります。

8.3METsに近い数値の運動は……

- ランニング（8km/時）
- 水泳［クロール］（2.7km/時）
- サイクリング（20km/時）

このように、運動を行なった際のエネルギー消費量がわかるだけでなく、目標とするエネルギー消費量から、どんな身体活動をどのくらいすればいいのかを導き出せるのです。

日常生活のMETs&運動のMETs

先ほどもご紹介しましたが、日常生活の動作や運動が何METsになるのか、次の表で確認してみましょう。日々の何気ない動きを少し意識するだけで、効率的な身体づくりが可能になることがわかります。

日常の動作にみるMETs

1.2 METs	静かに立つ
1.5 METs	座っている状態での会話・電話・読書・食事
2.0 METs	調理、シャワーを浴びる、ギターを弾く（座った状態で）
2.3 METs	皿洗い、アイロンがけ、コピーとり
2.5 METs	ストレッチ、ごみ捨て、ピアノ、ベビーカーを押す、オートバイの運転
3.0 METs	普通歩行（平地 約4km／時）、階段を下りる、車の荷物の積み下ろし
3.5 METs	モップ、掃除機、軽い荷物運び
4.0 METs	速歩（平地5.7〜6km／時）、自転車、ドラムの演奏、車いすを押す
4.5 METs	庭の草むしり、耕作
5.0 METs	子どもと遊ぶ（走ったりなど活発に）
6.0 METs	家財道具の移動・運搬、スコップでの雪かき
8.0 METs	階段を上がる

運動のMETs

3.0 METs	自転車エルゴメーター（軽く感じる程度）、ボーリング、バレーボール
3.5 METs	自宅での軽い体操、ゴルフ（カートを使って待ち時間を除いた場合）
4.0 METs	速歩（平地5.7 ～ 6km/時）、卓球、太極拳、水中での体操
4.5 METs	バドミントン、ゴルフ（クラブを自分で持ち歩き、待ち時間を除いた場合）
5.0 METs	ソフトボール、野球、ドッジボール かなり速歩（平地6.4km/時）
6.0 METs	ジャズダンス、バスケットボール、スイミング（ゆっくりと）
6.5 METs	エアロビクス
7.0 METs	ジョギング、サッカー、テニス、スケート、スキー
8.0 METs	サイクリング（約20km／時）、ランニング（約 8km／時）、水泳のクロール（約2.7km／時）
10.0 METs	キックボクシング、柔道、ラグビー、水泳の平泳ぎ
11.0 METs	水泳のバタフライ、水泳のクロール（約4.2km／時）
15.0 METs	ランニングで階段を上がる

※ Ainworth BE, Haskell WL, Whitt MC, et al. Compendium of Physical Activities: An update of activity codes and MET intensities. Med Sci Sports Exerc, 2000;32(Suppl): S498-S516 を参照、一部改編

この本を活用する前に

本書の特徴

1 METsを理解することで身体づくりがスマートになる

今まであまり知られていなかったMETsをわかりやすく紹介。METsを理解すれば簡単な計算をするだけで、運動の正しい消費エネルギーがわかります。食事の摂取エネルギーとのバランスを調節すれば、健康的な身体づくりにもつながります。

2 自分の目標が明確になる

運動を通してどういう身体になりたいかは、人によって異なります。本書では、ただ体脂肪を減らし痩せるための運動を紹介するのではなく、まずは自分が求めているゴールを明確にします。目標がわかれば、無駄なく身体づくりもできます。

3 効率の良いトレーニングが満載

限られた時間の中でも、自分にとって最適なトレーニングを行なうヒントがつまっています。タイプ別に分けたトレーニングや個人のニーズに合わせた目的別トレーニングなど、短い時間で効果のあるトレーニングが満載です。

4 あなた専用のトレーナーとして役立つ

ここで紹介するトレーニングには、スポーツクラブのトレーナーの視点やノウハウが盛りだくさん。なぜこの運動が自分にとって大切なのか、トレーニングのコツやポイントは何か、本書はそんな疑問に答えてくれるあなた専用のトレーナーのような存在です。一般の方はもちろん運動指導者の方にも役立ちます。

構成

イントロ・・・・・・・・・	・METsとは何か？ METsの正しい知識とかしこい使い方をご紹介。
基本トレーニング・・・・	・理想の身体を明確にし、誰にでも役立つ基本トレーニングを紹介。
タイプ別トレーニング・・・	・身体の状態や日頃の行動をもとに4タイプに分け、それぞれに合ったトレーニングを紹介。
目的別トレーニング・・・・	・お腹引き締めから肩こり、腰痛、姿勢の改善まで目的別の簡単トレーニングを紹介。
食ガイド・・・・・・・・	・スポーツクラブのトレーナーが伝授する運動に役立つ食のヒント。
付録・・・・・・・・・・	・カラダ&生活ダイアリーやカラダ変化グラフなど記入式シートで自分の身体と生活をチェック。 専門家によるMETsの解説も。

本書のかしこい使い方

運動初心者！ 基本のトレーニングをおさえたい。

STEP 1 基本トレーニング(p.23)へ

自分に合ったトレーニングを効率よく行ないたい。

STEP 2 タイプ別トレーニング(p.45)へ

肩こりや腰痛、下半身太りなど、特定の悩みを解決したい。

STEP 3 目的別トレーニング(p.97)へ

METsって何？ 詳しく知りたい。

イントロ(p.6) or 付録(p.150)へ

運動効果を高めるために食事を見直したい。

STEP 4 食ガイド(p.129)へ

＜安全上の注意＞

○本書で紹介するトレーニングは簡単に安全に行なえるものが中心ですが、つねに体調が良好なときに行ない、疲れやきつさを感じたらこまめに休憩をとりましょう。また、体調が悪いときや身体に痛みなどを感じたときは、無理をせず運動を中断してください。何よりも安全が重要です。

○飲酒後や入浴直後の運動は控えてください。

○運動の前後には十分な体操を忘れず、こまめに水分補給をしてください。

○現在、医師に何らかの治療を受けている人は、本書を読んで本格的な運動を開始する前に、必ず主治医の指示に従って行なってください。

METsで始める
ボディデザイン
スポーツクラブだけが知っている
トレーニング成功の秘訣！

CONTENTS

STEP 1
まずはここから始めよう！　基本トレーニング

STEP 2

あなたにぴったりの運動とは？ タイプ別トレーニング

＊はメインで紹介しているトレーニングの別バージョンです。
FOR BEGINNERS（初心者向け）、VARIATION（類似例）、
LEVEL UP（応用例）のいずれかにあたります。

CONTENTS

STEP 2

なりたい身体をつくる! 目的別トレーニング

STEP 4

食でボディデザインを制する!

付録

STEP 1

まずはここから始めよう！
基本トレーニング

あなたのなりたい自分は？

一年後、数十年後の自分を具体的に思い描いてみよう！

本書を手にとったあなたは、おそらく自分の中の〝**何か**〟を変えたくて、運動をしたいと思ったのではないでしょうか。身体の状態やライフスタイルなど、**「なんとなくこうなりたい」「今の自分を変えたい」**という気持ちがあるのでしょう。その気持ちはとても大切です。しかし、今の自分をどう変えたいか、理想の自分とはどういう状態なのかを具体的にイメージしたことはあるでしょうか。**運動をして、一年後、どんな身体になっていたいですか。あるいは五年後、十年後、数十年後はどんな健康状態で、どんなライフスタイルを送っていたいですか。**自分の理想を具体的に思い浮かべることで、自分にとって大切なものが確認され、前向きに進んでいく原動力が生まれます。心に正直に向き合って、**理想の自分を思い浮かべてみましょう。**

●あなたの理想の将来は？

	ライフスタイル	身体の状態
1年後		
3年後		
将　来		

●1年後の目標達成のため、今、すべきことは何でしょう？

記入例

●あなたの理想の将来は？

	ライフスタイル	身体の状態
1年後	スーツをかっこよく着こなし、アクティブに仕事をこなす	学生時代の体重に戻す
3年後	フルマラソンを完走	筋肉のついた身体と息切れしない体力
将　来	孫や子供に囲まれて田舎でのんびりした暮らし	病気のない健康な身体

●1年後の目標達成のため、今、すべきことは何でしょう？

週に1度は、ジョギングをし、夜食を減らす。

成功の秘訣は自分を知ること

あなたはどんなタイプ？ 理想と現実のギャップを埋めていこう

理想を明確にしたら、次は**自分の現状にしっかりと目を向けることが大切**です。**体格や体重、健康状態、思考や行動も含めて、自分はどんなタイプの人間**か、改めて問いかけてみましょう。その姿は、理想のあなたにどれくらい近いですか。もしギャップがあるなら、その差を埋めるために何をすればいいでしょう。

このページにある2つのチャートを使って、今の自分の状態を客観的に分析してみます。BMI（体格指数）による指標をふまえつつ、現在のあなたが、A～Dタイプのどの傾向に近いかがわかれば、あなたにぴったりのトレーニング法が見つかるはずです。

あなたのBMIは？

BMIとは？

人の肥満度を示す指数。22前後が最も病気になりにくいといわれています。

BMIの計算式　　**体重**(kg) ÷ **身長**(m) ÷ **身長**(m)

参考 BMI早見表

身長（cm）

体重(kg)	150	160	170	180
40	17.8	15.6	13.8	12.3
50	22.2	19.5	17.3	15.4
60	26.7	23.4	20.8	18.5
70	31.1	27.3	24.2	21.6
80	35.6	31.3	27.7	24.7
90	40.0	35.2	31.1	27.8
100	44.4	39.1	34.6	30.9

●BMIを評価してみよう

体重が重くて筋肉が多い人は太っているわけではないため、この表では基準を変えています。

	やせている	標　準	やや太っている	太っている
運動習慣のない人	18.5未満	18.5 ～ 25未満	25 ～ 30未満	30以上
運動習慣のある人	20.5未満	20.5 ～ 27未満	27 ～ 32未満	32以上

あなたのタイプを見つけよう！

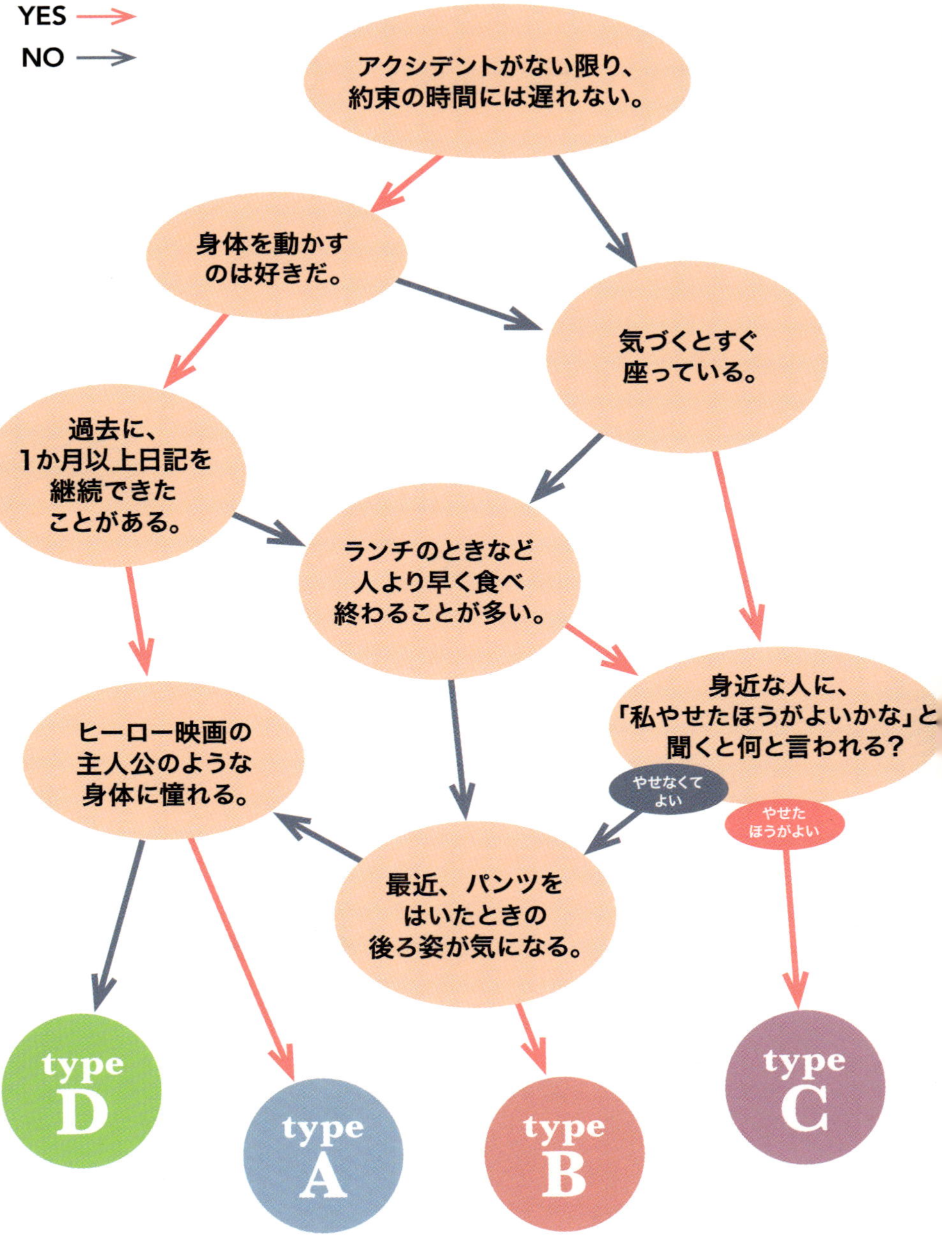

あなたのタイプは？

前ページのフローチャートから導き出されたあなたのタイプは何でしょう。他のタイプでも心当たりがあれば要チェックです。

◀タイプ別トレーニングは45ページから紹介しています。自分に合った運動で効率よく理想の身体を手に入れましょう！

type A 筋力アップを目指す —— 筋活さん

- 引き締まった身体をしている
- 運動は好きなほうだ
- 割れた腹筋やたくましい身体に憧れる
- 普段からアクティブに生活している

type B 筋肉つけつつ、脂肪はダウン —— 細マッチョさん

- 体型は中肉中背だ
- メリハリのある身体を目指している
- ダイエットがなかなか続かない
- 運動は嫌いではないが苦手意識がある

type C 目指すはスリム —— 脂肪燃焼さん

- 全体的にぽっちゃりしている
- メタボ健診でひっかかった
- 油っこいもの、甘いものが好き
- ここ数年、ぐっと体重が増えた

type D 健康第一 —— ヘルコン《ヘルスコンシャス》さん

- 近頃身体の機能が衰えていると感じる
- 疲れやすい
- 食事や健康に気を遣っている
- 激しい運動は苦手だが散歩は好き

おさえておきたい 基本トレーニング

筋トレと有酸素運動を組み合わせた 身体づくりの基盤となるトレーニング

ここで紹介するのは、すべての人におすすめしたい基本トレーニング。まずは全身運動の要であるウォーキングでウォームアップをしっかり行ない、続いて背中、胸、お腹、太ももなど、特に大きく重要な筋肉を中心に筋トレを行ないましょう。大きな筋肉を鍛えることで基礎代謝がアップし、エネルギー消費がしやすい、つまりシェイプアップしやすい身体をつくることができます。筋力アップとエネルギー消費をバランスよく行なえます。

タイプ別トレーニングや、目的別トレーニングを行なう際に必ず基本トレーニングを行なうようにすれば、運動の効果もさらにアップするはず。

身体づくりの基盤として、ぜひおさえておきましょう。

全身
背中
胸
お腹
太もも

トレーニング成功の秘訣とは?

すべてのトレーニングに共通するポイント。
7つの法則を頭に入れて運動に励みましょう!

1 トレーニングは「ちょっとツライ」が効果的

トレーニングを行なう場合、普段感じている以上の負荷(抵抗、重さ、強さ、しんどさ、きつさ)で行なうと、体力や筋力は向上します。かといって過剰な運動はケガや故障のもとになります。「ちょっとツライな」と思う程度の負荷を加えるのがポイントです。

2 時間・回数・負荷・頻度は少しずつUP

トレーニングをしていると、「もっと強くなりたい」と意欲がわくもの。ですが、無理は禁物。時間や回数、負荷や運動頻度は、体力や筋力に合わせて少しずつ増やしていくのが、身体づくりに理想的なやりかたです。効果に応じて、徐々にレベルアップしましょう。

3 運動は継続こそが力なり

昔運動をしていたのに、やめたとたんに身体が鈍ってしまったという声はよく聞きます。理想の身体に近づき、それを維持するためにも、運動は生涯を通じて続けることがポイントです。細くとも長く続けられる方法を自分で見つけていきましょう。

4 目的に合ったトレーニングがミソ

ただやみくもにトレーニングをするのではなく、目標に合ったトレーニングを行なうことがポイント。そのためにも理想と現状を把握することが大切です。目的に合った運動を意識して行なうことで、理想の身体が効率よく手に入ります。

5 「全身をバランスよく」が健康の近道

トレーニングは、身体の一部分だけでなく、全身をバランスよく使うことが大切。また筋肉の強化だけでなく、持久力や柔軟性の向上なども目指しましょう。より早く健康な身体に近づきます。

6 意識も身体のパーツに集中させよう

トレーニングをする際、何を目的として、身体のどの部位を動かしているのかを頭の中で意識してください。これらを自覚すると、目的に合わせて、身体を正しく動かすことができます。その結果、トレーニングの成果が出やすくなり、効率のよい身体づくりを実現できます。

7 無理せず安全第一に

トレーニングを続けるためにも、健康な身体を維持するためにも、ケガのないように安全に行なうことが、一番重要です。強すぎる負荷をかけたり、体調不良のときに無理をするのは禁物。ときには休憩をとりながら安全に運動してください。

ウォーキング
Walking

時間
15〜30分

5.0
METs

基本の有酸素運動は正しい姿勢で歩くこと

すべての運動の基本といえるのがウォーキングです。身体への負担も少なく、いつでもどこでも気軽に始めることができます。トレーニング前のウォーミングアップとしても最適。正しい姿勢を保つことが大切です。

Point 視線はまっすぐ

姿勢を正し、腕を胸の高さで大きく振って歩く。後ろ足のつま先で力強く地面を蹴る。

VARIATION

ジョギング
Jogging

7.0 METs

ジョギングのときもウォーキングと同じく背すじを伸ばす。肘は90°に曲げて軽く振る。

リズムをつけて腕と足を動かす。つま先で地面を蹴り、かかとから着地する。

腰が反って後ろに傾き、足をひきずってしまう。

着地はかかとから。腰を前に移動させるように体幹を意識し、少し大股で歩く。

プッシュアップ
Push Up

回数 5〜10回

3.9 METs

胸や二の腕の筋肉を鍛える基本の腕立て伏せ

ベーシックな腕立て伏せです。全身を両腕で支え、身体が床と水平になるように沈めます。難しいと感じる人は椅子を使ったバリエーションを試してもいいでしょう。マットを敷くと滑り止めになります。

両腕を肩幅より大きめに広げ、足はつま先立ち。身体をまっすぐにして全身を支える。

VARIATION

チェアプッシュアップ
Chair Push Up

2.8 METs

椅子の背もたれを持ち、姿勢を正して身体を斜めに倒す。

肘を脇につけるように腕を曲げ、身体を椅子に近づける。

NG

疲れてくると腕を曲げられず、身体が反ってしまう。

身体はまっすぐのまま、脇を開き、胸が床に近づく程度まで腕を曲げる。

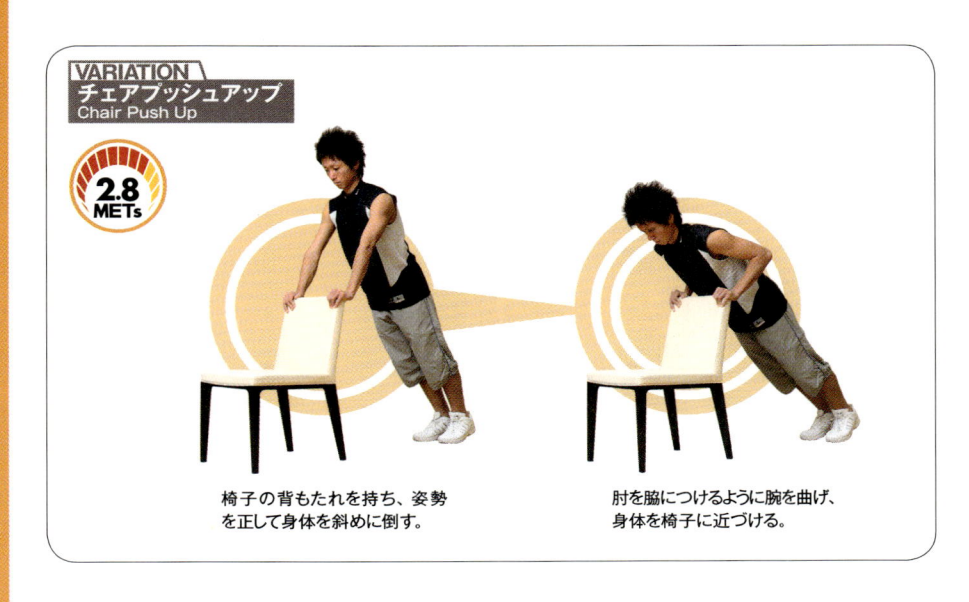

ワンハンドローイング
One Hand Rowing

回数
5～10回

3.0
METs

背中や腕が鍛えられるウェイトトレーニング

椅子とダンベルを使い、腕を持ち上げることで背中と二の腕の筋肉を鍛える運動。椅子に手をつき片腕ずつ行なうので、初めての方も安心して行なえます。慣れてきたら両手にダンベルを持つバリエーションを。

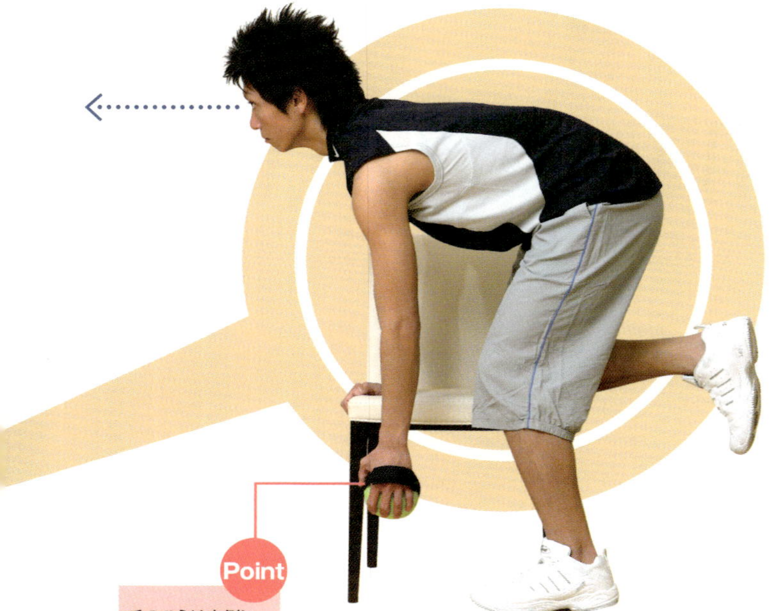

Point
手のひらは内側に。

片手と片膝を椅子につき、背すじを伸ばす。空いているほうの手にダンベルを持ち下に伸ばす。

NG

背すじが伸びておらず、丸まっている。

VARIATION

ローイング
Rowing

3.5 METs

腰幅に足を開き、中腰になる。両手にダンベルを持って腕をまっすぐ下に伸ばす。

脇を広げるように、肘を持ち上げる。お尻を突き出すようにして、上体はまっすぐ。

背すじはまっすぐ、お尻を突き出すように。

上体をひねったり、腕だけで持ち上げたりしない。

ダンベルを持った手を肘から引き上げる。背中にしわを寄せるように、身体の横まで持ち上げる。

フロントランジ
Front Range

回数
左右
5～10回

5.0
METs

下半身全体を力強く保つ踏み込み運動

腰を沈めて踏み込みながら、下半身全体を強化する運動です。下半身をしっかりと鍛えることで、運動や生活活動に欠かせない強い足腰が得られます。

足を腰幅に開き、手は軽く
腰に当てる。姿勢を正して、
まっすぐに立つ。

VARIATION
ランジ
Range

6.0 METs

フロントランジと同様に、片足を前に出す。できるだけ大きく踏み出すとやりやすい。

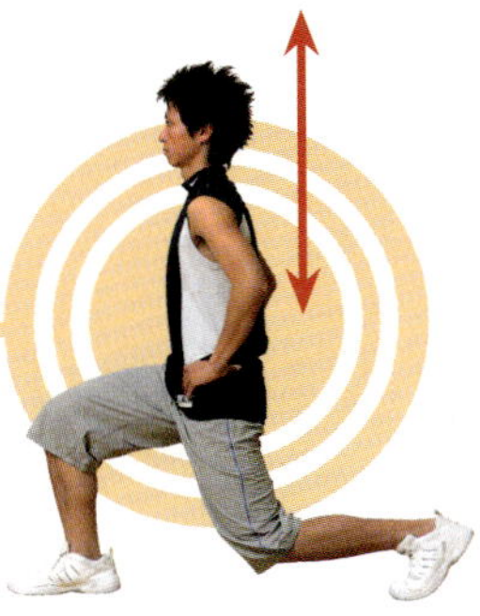

その場で両膝を曲げて下に沈んでから腰を上げる。10 回繰り返したら左右の足を変える。

踏み込む歩幅が小さく腰が曲がり、猫背になっている。

片足を大きく踏み出して、上体はまっすぐのまま腰を沈める。前に出した足を元に戻す。

トランクカール
Trunk Curl

回数 5〜10回

2.7 METs

シンプルな腹筋運動で、腹部の筋力アップと引き締めを

なじみ深いシンプルな腹筋運動。お腹周りの気になるたるみを引き締め、身体中央の腹筋を鍛えることができます。どこでも気軽にできるので、毎日の習慣にしましょう。苦手な人は床に手をついてもOKです。

両膝を軽く曲げてあお向けになる。手は耳の横に軽く添える程度に合わせておく。

VARIATION

トランクカール（手を床に）

Trunk Curl

2.5 METs

両膝を立ててあお向けになり、脇を軽く開いて手を横に添える。手のひらは床に。

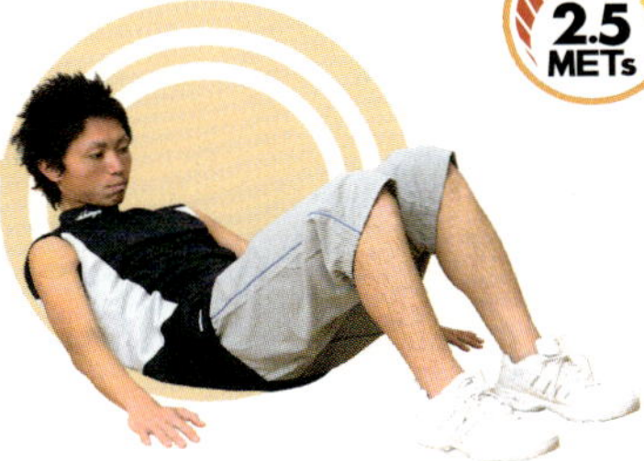

手をスライドさせるようにして身体を支えながら、背中を丸めて上体を起こす。

NG

膝を伸ばすと腰に負担がかかる。手で首を上げない。

Point お腹を見て、しっかりと腹筋を使うことを意識する。

息を吐きながら、背中を丸めて上体を起こしていく。ある程度背中が浮いたらゆっくり元に戻す。

Column 1

トレーニングを始めるためのコツ

「運動をしないといけないな」「身体を動かしたいな」と思いながらもなかなかはじめの一歩を踏み出せないという人は意外と多いもの。でもやる気さえあれば、あとはちょっとの工夫で行動に移すことができるのです。ここでいくつかのコツをご紹介しましょう。

まず大切なのは、運動のきっかけをたくさん作ってあちこちに散りばめておくことです。たとえば、ウォーキング用の靴を玄関に用意しておく、家族や友人に運動宣言をする、スポーツクラブに入会する、運動の予定をスケジュール帳に書き込んでおくなど、トレーニングを行ないやすい環境を整えていくといいでしょう。こうすれば「せっかく準備したから」とか、「友達に言った手前やらないと」といった具合に、行動を起こす動機が増えていきます。

次にトレーニングの成果をイメージすることも重要です。運動をするとどういうメリットがあるかを想像し、なりたい体型や健康状態、ライフスタイルを具体的に思い描きましょう。

3つ目は、「朝起きたらウェアに着替えて10分間公園を歩く」、「お風呂上がりに筋トレを1セットだけ行なう」など、できるだけ具体的な目標を立てることです。ここではハードルを低くし、今すぐできる目標を設定するのがポイント。行動を起こしやすくなりますし、目標がクリアできれば達成感が得られ、次のステップへ進みやすくなります。

本書を手にとったあなたは今こそ運動を始めるチャンス！　ぜひ今日から目標に向かって動き出してください。

STEP 2

あなたにぴったりの運動とは？
タイプ別トレーニング

タイプ別 トレーニングのポイント

現状を知り、自分に合った エクササイズを探すことが大切

27ページのチャートからあなたのタイプは導き出せましたか。体型、運動頻度や生活スタイルなど、自分の現状を把握するのは大切なことです。ここからは、AからDの4タイプ別のエクササイズを紹介していきます。基本トレーニングや目的別トレーニングと組み合わせながら、あなたにぴったりのエクササイズコースを作ってみましょう。もちろん、27ページで選ばれたタイプ以外にも、自分に当てはまると思うところがあれば、そのタイプの運動を試してみてください。自分に合ったトレーニングを行なうことで、効率よく成果が得られます。各タイプ別トレーニングの最後に、モデルメニューを紹介していきます。時間がないときのためのショートコースとフルコース、両方をバランスよく行なって、エクササイズを毎日の生活に取り入れましょう。

type
A
type
B
type
C
type
D

type A

筋力アップを目指す
筋活さん

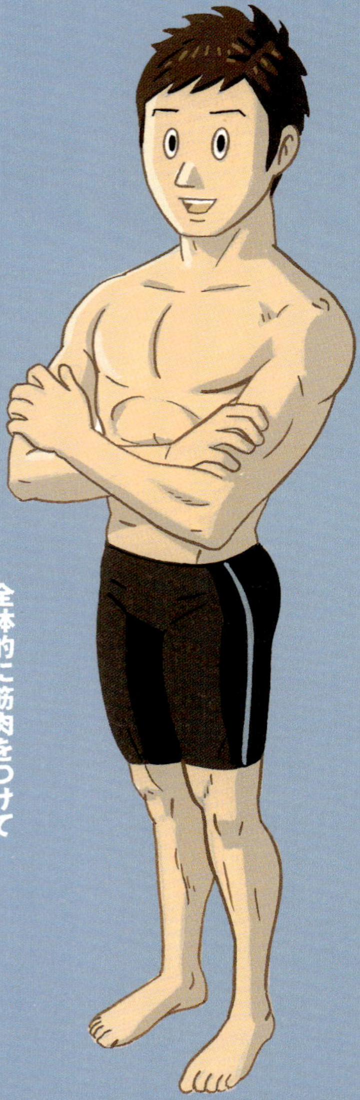

全体的に筋肉をつけて
たくましい身体を手に入れたい！

タイプAのあなたは、筋肉をつけたり身体を大きくしたりしたいと考えていませんか。男性でも女性でも筋肉がついて引き締まった身体は健康的で魅力的ですね。おそらくあなたはとてもアクティブで、すでに運動やトレーニングを習慣的に行なっている人かもしれません。ここで紹介するトレーニングで、さらなる筋力強化を目指してください。

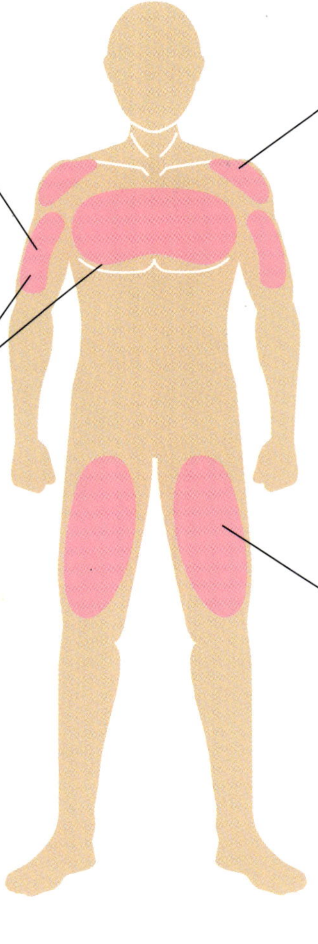

二の腕（表）の筋肉

ダンベルアームカール

簡単なダンベル運動で、上腕二頭筋を鍛え、腕の力こぶを大きくする。

肩の筋肉

ダンベルサイドレイズ

肩の力でダンベルを持った手を持ち上げ、三角筋を鍛える。

腕・胸の筋肉

プッシュアップジャンプ

全身を弾ませる腕立て伏せ。腕と大胸筋全体を広く鍛え、立派な上半身をつくる。

下半身・お尻の筋肉

スクワット

正しい姿勢でしゃがみ、再び立ち上がることで、下半身全体とお尻の筋肉を鍛え安定感を身につける。

大きな筋肉を発達させて パワーアップした身体をつくろう

ここで紹介するのは、身体の中でも特に目立つ上半身の筋力（胸、肩、二の腕）を鍛えるトレーニングです。ベーシックな運動ですが、こうした部位が鍛えられると、見た目にもはっきりと筋肉がついたという印象が強くなります。また身体のバランスを整えるために、上半身だけでなく下半身全体を使う代表的なエクササイズもご紹介します。全身をバランスよく鍛えていきましょう。

ダンベルサイドレイズ
Dumbbell Side Raise

回数
8〜10回

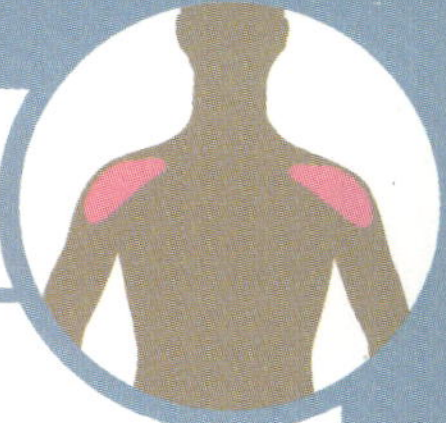

肩の筋力でダンベルを持ち上げるウェイトトレーニング

主に肩の力を使って、両手に持ったダンベルを真横に持ち上げることで、三角筋と呼ばれる肩の盛り上がり部分の筋肉が鍛えられます。この運動を習慣にすれば、肩幅のある、たくましい印象を与える上半身が手に入ります。

姿勢を正し、肘を軽く曲げて身体の横でダンベルを持つ。まずは1kg 程度から。

VARIATION

ダンベル クリーン&プレス
Dumbbell Clean & Press

8.8 METs

足は腰幅、背筋を伸ばして膝を軽く曲げ、前傾姿勢に。

上体を起こしながらダンベルをすばやく肩の上まで持ち上げる。

全身を大きく伸ばしながら、ダンベルを真上に上げる。

肩や腕に力が入っている。肩を後ろにねじらない。

肩の筋肉を意識しながら両手を肩の高さまで持ち上げる。手は軽く曲げたままで。

ダンベルアームカール

Dumbbell Arm Curl

回数 8〜10回

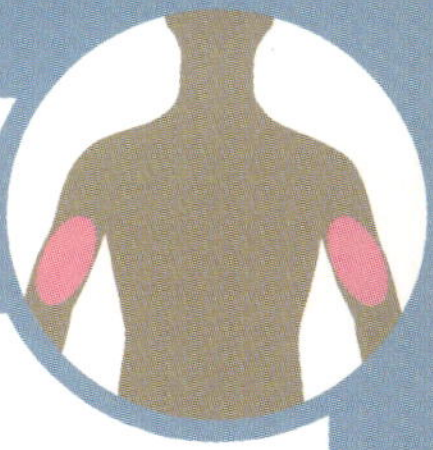

ダンベルトレーニングで力こぶをボリュームアップ!

簡単なダンベル運動で、しなやかに引き締まった腕が手に入ります。ダンベルを重くしていけば、ますます上腕二頭筋が鍛えられ、たくましい力こぶが生まれるでしょう。腕の筋肉がつけば身体の印象がずいぶん変わります。

足を腰幅に開いて立ち、ダンベルを持った両手を身体の横に自然に下ろす。ダンベルは手の内側に。

3.5 METs

LEVEL UP

コンセントレーションカール
Concentration Curl

2.5 METs

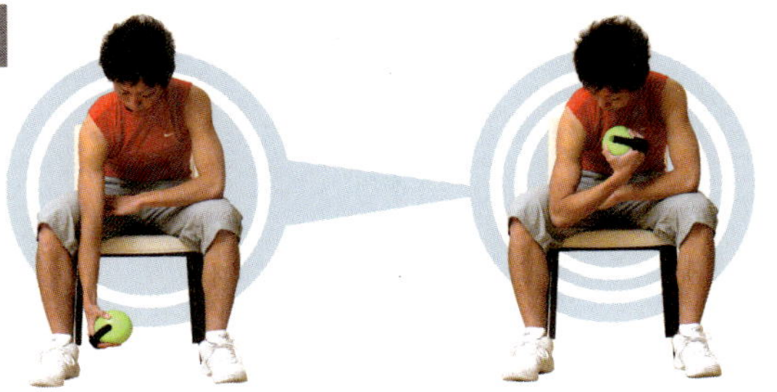

椅子に座り、ダンベルを持ったほうの肘を膝の内側に当て、もう片方は反対側の太ももに。

ゆっくりと肘を曲げてダンベルを巻き上げるように持ち上げる。腕の筋肉を意識する。

腰が後ろに反れて、肘が前に上がっている状態。

Point 手の平を真上に向けるように腕をねじりながら持ち上げると効果的。

腕を身体の横につけたまま、肘を曲げてダンベルをゆっくりと胸元まで持ち上げる。上半身の反動はつけない。

プッシュアップジャンプ

Push Up Jump

回数
4～5回

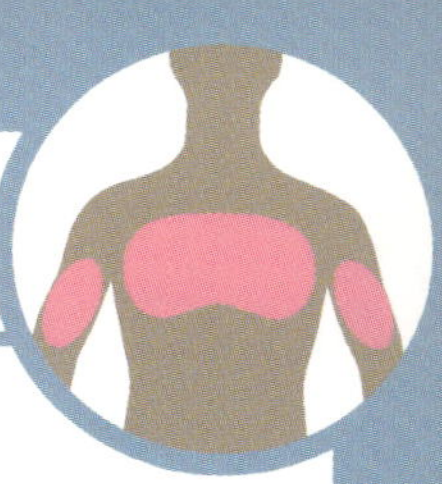

弾みをつける腕立て伏せでさらに筋力アップ

腕立て伏せの腕を伸ばす際に、力を入れて上体を弾ませるプッシュアップジャンプ。着地の勢いと反動を使うことで、より強力に筋肉を鍛えることができます。また胸や腕の筋肉も鍛えられ、たくましい上半身が手に入ります。

Point 背中はまっすぐに。

手は肩幅か少し広めにし、通常の腕立て伏せの姿勢をとる。目線は斜め前方。

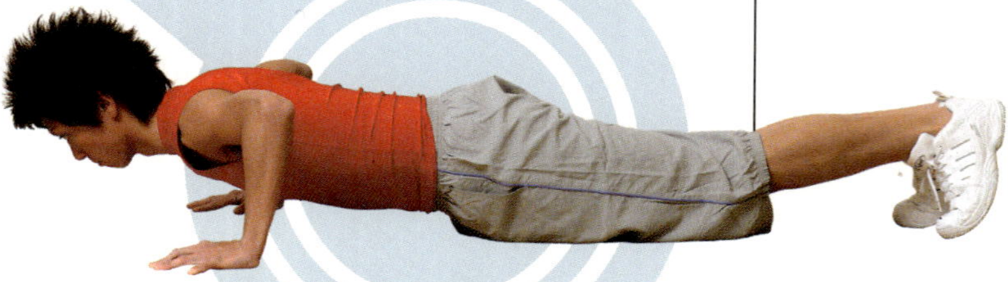

肘を90°程度に曲げ、身体をまっすぐにしたまま沈める。

⚠ 難しい場合は普通のプッシュアップを行ないましょう。

勢いよく腕を伸ばし、上体をジャンプ。着地後の勢いで身体を沈め、再びジャンプ。動作を繰り返す。

NG

顎が上がり、腰が落ちて反ってしまっている。

VARIATION

ベンチプレス Bench Press

3.1 METs

ベンチにあお向けになり、手は肩幅より広めにし、手首を返さずにバーを持ち上げる。

ゆっくりとバーが胸につく直前まで真下に下ろしたら、肘が伸びきる手前まで再び持ち上げる。

スクワット
Squat

回数
8〜10回

下半身トレーニングの王様

上半身を鍛えた後は、下半身も同じく強化して、バランスのよい身体を手に入れましょう。自分の体重を使ったスクワットは、いつでもどこでも行なえる手軽さがあり、とても効率的な運動です。難易度を高めたい人は片足スクワットに挑戦！

足は肩幅に開き、手は軽く頭か耳の後ろにつける。姿勢を正して軽く膝を曲げてまっすぐに立つ。

4.0 METs

LEVEL UP

片足スクワット
One-legged Squat

5.0 METs

⚠ 膝が痛い場合は避けましょう。

椅子などを片手でつかみ、片方の足を軽く曲げて床から浮かす。

身体を支えながら、片足でスクワットをする。イスに重心を預けないよう注意する。

NG

頭が下がり、猫背で、膝も前に出すぎている。

Point 膝はつま先から出ないように。

背すじを伸ばしたまま、お尻を突き出すように膝を曲げ、太ももが水平になるまで沈んだら、ゆっくりと膝を伸ばす。足が伸びきる直前で再び沈みはじめる。

タイプ別トレーニングモデルメニュー

短時間で筋力をつけたいあなたに 1日トレーニングメニュー

メニューには、基本トレーニング・目的別トレーニングの内容もふくまれています。

ショートコース

胸、背中、お腹、下半身、体幹と大きな筋肉を中心に鍛えるお手軽コース。
2、4 は METs も高く、短時間で成果が出ます。

1～2セット

1 ワンハンドローイング p38
左右各 10 回
3.0 METs

2 プッシュアップジャンプ p54
10 回
6.0 METs

3 トランクカール p42
10 回
2.7 METs

4 スクワット p56
10 回
4.0 METs

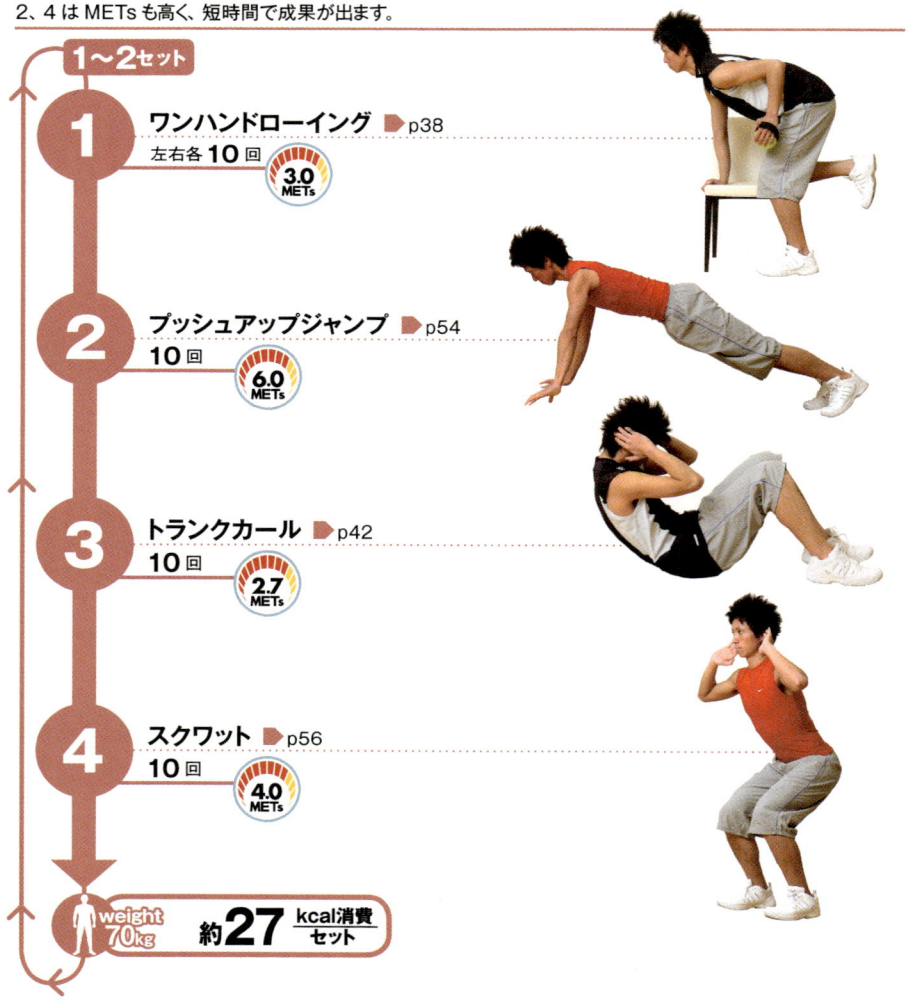

weight 70kg　約 27 kcal消費／セット

フルコース

大きな筋肉から小さな筋肉までバランスよく鍛えるフルコース。
まずはウォーミングアップをしてから、上半身、下半身の筋トレをしていきます。

1〜2セット

1 クロストレーナー
p79

15分

7.0 METs

2 ワンハンドローイング
p38

左右各10回

3.0 METs

3 ボールツイストトランクカール
p123

左右交互に20回

3.5 METs

4 プッシュアップ
p36

10回

3.9 METs

5 ダンベルサイドレイズ
p50

10回

3.5 METs

6 ダンベルアームカール
p52

10回

3.5 METs

7 スクワット
p56

10回

4.0 METs

weight 70kg 約**167** kcal消費／セット

type B

筋肉をつけつつ、脂肪はダウン

細マッチョさん

健康的でメリハリのある
シャープな身体を手に入れたい！

タイプBのあなたは、中肉中背の健康体。ただ痩せるだけでなく、健康的に、筋肉がほどよくついたメリハリのある身体を求めているという人ですね。これまで無理なダイエットに挑戦した人もいるかもしれませんが、食事調整と並行して、有酸素運動でのエネルギー消費、筋力トレーニングによる筋力アップをバランスよく行なうことがおすすめです。

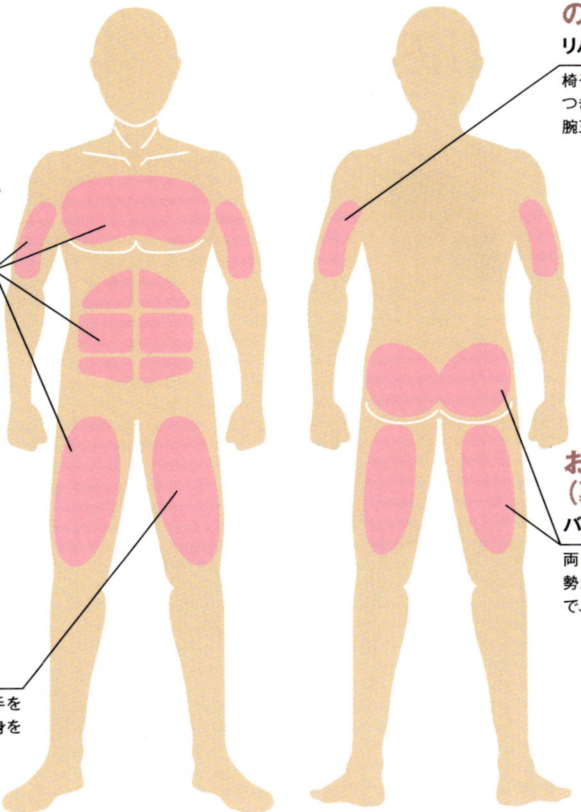

腕・胸・お腹・太ももの筋肉

バービー

弾みをつけながら、腕立て伏せ姿勢と直立を繰り返す。有酸素運動の効果もあり。

下半身・お尻の筋肉

スクワットジャンプ

スクワットから大きく両手を上げてジャンプ！ 下半身を引き締め強化する。

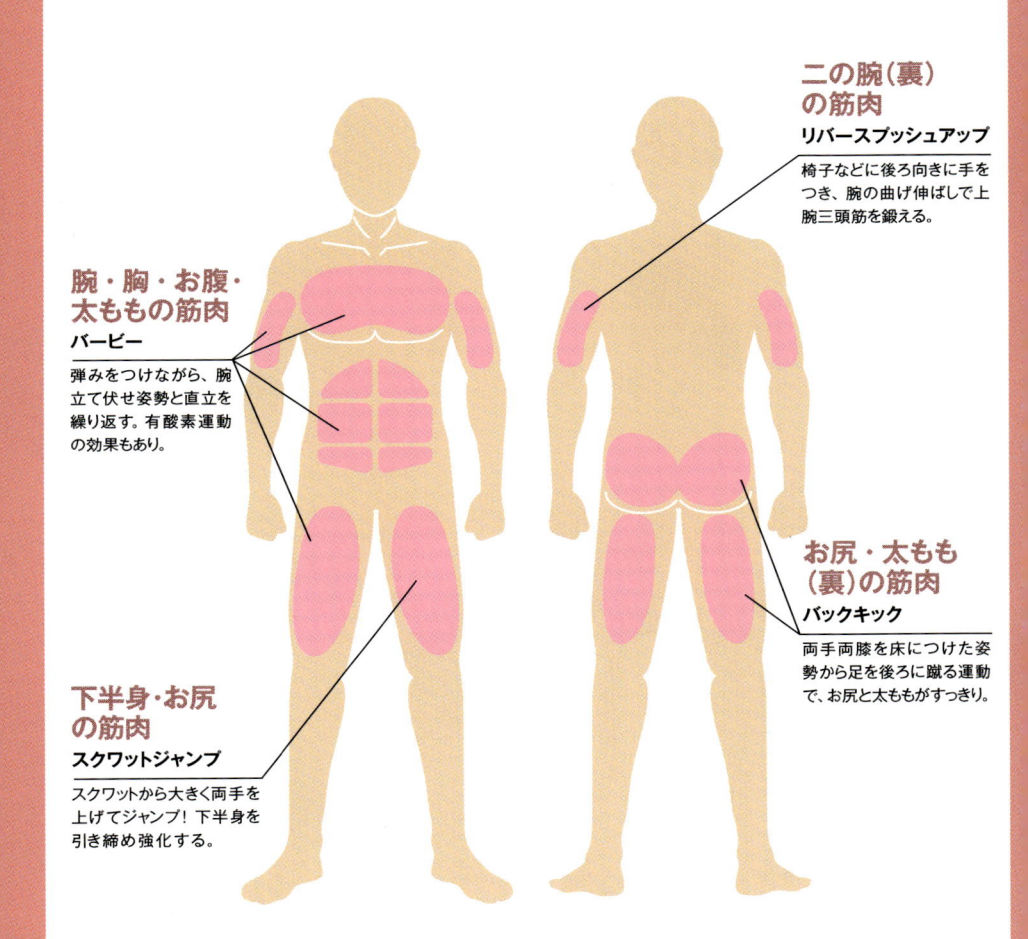

二の腕（裏）の筋肉

リバースプッシュアップ

椅子などに後ろ向きに手をつき、腕の曲げ伸ばしで上腕三頭筋を鍛える。

お尻・太もも（裏）の筋肉

バックキック

両手両膝を床につけた姿勢から足を後ろに蹴る運動で、お尻と太ももがすっきり。

筋肉をつける+体脂肪を落とす ダブル効果で引き締まった身体に！

ここでは筋力トレーニングと有酸素運動を並行して行ないます。筋肉は使わなければ減少します。筋肉の量が少なくなると、ひ弱な印象になるだけでなく、疲れやすくなったり基礎代謝量が少なくなったりして、結局は肥満につながりやすいのです。また有酸素運動は、筋トレで血行をよくし、体温を上げてから行なうと効果的です。スタイルのよい、活発な身体を目指しましょう。

リバースプッシュアップ
Reverse Push Up

回数
5〜10回

二の腕もすっきり！ 裏側の筋肉を使ったトレーニング

机や椅子を使った簡単な室内運動です。二の腕の筋肉を使ったプッシュアップで、筋力に合わせて負荷を調整できます。特に脂肪が目立ちやすい二の腕の裏側の筋肉を鍛え、引き締める効果があります。

手を後ろに伸ばして椅子（または机）をつかむ。身体をまっすぐにしたまま、お尻を持ち上げる。

NG

脇が開き、肘が外側に出ている。肘に負担がかかり危険。

VARIATION

トライセプスプレスダウン

Triceps Press Down

3.0 METs

レバーを持ったとき肘が身体の横につくようマシンをセット。足は腰幅。

脇を閉じて肘を固定し、手を下に伸ばし、バーを真下に持ってくる。

Point 深く沈めば沈むほど負荷が大きくなります。

肘が横に開かないように、真後ろにゆっくりと曲げる。またゆっくりと元の姿勢に戻る。

バックキック
Back Kick

回数
5〜10回

お尻や太ももを引き締め、理想の後ろ姿を手に入れよう!

お尻と太ももの裏の筋肉を強化する運動。これを続けていれば、下半身が引き締まり、すっきりとした後ろ姿が手に入ります。自宅でいつでも簡単に行なうことができるので、習慣づけるよう心がけましょう。

両手両膝を床につける。肘はまっすぐ肩の下に。膝は90°の角度に曲げて腰幅に開く。

片足をゆっくり胸に近づける。背中が丸まっても可。

足を高く上げすぎて腰が反ると、腰に負担がかかる。

ゆっくりと息を吐きながら足を後ろに伸ばす。身体は地面と水平になるよう維持。

VARIATION
レッグプレス
Leg Press

4.0 METs

シートに座り、足を曲げて膝と台が 90°になるよう足の裏をつける。

レバーを軽く握り、ゆっくりと足を伸ばす。膝が伸びきる手前で止める。

バービー

Barbie

回数 8〜10回

筋力を維持しながらエネルギーを消費する

自宅でできる全身を使った筋力+有酸素運動です。足や体幹、腕の筋肉を鍛えられるだけでなく､全身を使う運動のためMETsも高め。短い時間で多くのエネルギーが消費され、脂肪消費や持久力向上に効果的です。

腰が下がらないよう、身体はまっすぐに。

手は肩幅に開いて床につき軽くしゃがむ。視線はやや前方の床。

ジャンプするように両足を後ろに伸ばして、腕立て伏せの状態になる。

8.0 METs

再び弾みをつけて元の姿勢に戻ったら直立。再びしゃがみ込む姿勢に戻り、一連の動作を繰り返す。

LEVEL UP
シザース
Scissors

7.0 METs

バービーで足を伸ばす体勢になったら、弾みをつけて片方の太ももを前に引き寄せる。

腰が下がらないよう、身体はまっすぐにしたまま、ジャンプして足を入れ替える。交互に数回。

スクワットジャンプ
Squat Jump

回数
5回

下半身の引き締め・強化に効果的なスクワットエクササイズ

深く沈んだら全身を大きく伸ばしてその場でジャンプ。全身で反動をつけ勢いよく着地することで、下半身の引き締めや筋力アップが期待できます。しっかりとストレッチをしてから徐々に行ないましょう。最初はスクワットからでもかまいません。

膝がつま先と同じラインになるように。

お尻を後ろに出して、背筋をまっすぐに伸ばす。

足を腰幅に開いてまっすぐに立つ。目線は前。手は軽く両脇に垂らす。

ゆっくりと腰を落としてスクワット。腕を後ろに引く。

膝が前に出ており、猫背になっている。

腕を勢いよく振り上げて、
できるだけ大きく真上に
ジャンプし、上体を伸ばす。

LEVEL UP スプリットジャンプ Split Jump

8.0 METs

両足を前後に大きく開いてしゃがむ。

腕の振りを利用して勢いよくできるだけ高く前に跳ぶ。

跳びながら空中で左右の手足を入れ替える。

最初と反対の足を前にして着地。運動を繰り返す。

タイプ別トレーニングモデルメニュー

メリハリのある身体を目指すあなたに 1日トレーニングメニュー

メニューには、基本トレーニング・目的別トレーニングの内容もふくまれています。

ショートコース

下半身やお腹周りの効果的な引き締めに重点を置いたショートコース。
有酸素運動を加えて体脂肪も燃やしましょう。

1～2セット

1 クロストレーナー p79
10 分
7.0 METs

2 トランクカール p42
10 回
2.7 METs

3 スクワットジャンプ p68
5～8 回
8.0 METs

4 バービー p66
8～10 回
8.0 METs

weight 70kg 約**105** kcal消費／セット

フルコース

有酸素運動と筋力トレーニングをバランスよく組み合わせたフルコース。
二の腕、脇腹、下腹部、胸、下半身と気になる部分を引き締めます。

1〜2セット

1 クロストレーナー ▶p79
15分 7.0 METs

2 プッシュアップ ▶p36
10回 3.9 METs

3 ダイアゴナルトランクカール ▶p88
左右交互に20回 3.5 METs

4 リバースプッシュアップ ▶p62
10回 3.9 METs

5 スクワットジャンプ ▶p68
5〜8回 8.0 METs

6 バックキック ▶p64
左右交互に10回 3.5 METs

7 バービー ▶p66
8〜10回 8.0 METs

weight 70kg 約171 kcal消費／セット

type C

目指すはスリム
脂肪燃焼さん

メタボが気になる？　とにかく体脂肪をまっ先に落としたい！

タイプCのあなたは、「体脂肪」「メタボ」という言葉が気になっているのでは？　これまであまり運動をしてこなかった人、あるいは、昔は運動をしていたけれど、ここ数年で体重がぐっと増えてしまったという人もいるかもしれません。BMIや体脂肪率が標準より大幅に高い人は、まずは有酸素運動で体脂肪を落とすことを優先していきましょう。

下半身の筋肉、全身

ウォーキング（マシン）

ウォーキングマシンを使って脂肪を燃焼させる有酸素運動を。正しい姿勢がポイント。

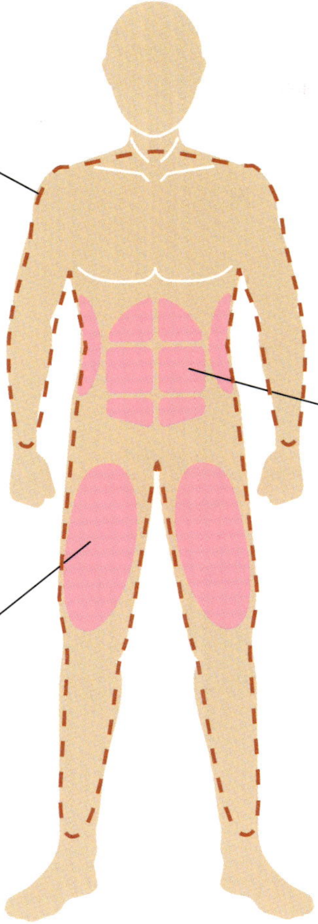

お腹の筋肉

エキセントリックアブドミナル

三角座りから上体を倒していき、腹筋を鍛える運動。ねじりを加えてさらにお腹周りすっきり。

下半身・お尻の筋肉

ランジ＆ウォーク

踏み込み運動で下半身全体をスリムアップ。長く続けると、有酸素運動としての脂肪燃焼の効果も。

有酸素運動8割、筋トレ2割を目安に脂肪をどんどん燃やしていこう

ここで紹介するのは身体に負担の少ない有酸素運動が中心です。無理なく自分のペースで続けましょう。有酸素運動を多めに行なうことで体脂肪が燃焼され、オーバー気味の体重も減少するはず。またお腹や下半身の筋力トレーニングも加えていきます。有酸素運動と筋力トレーニングは8：2くらいの割合が目安です。

エキセントリックアブドミナル

Eccentric Abdominal

回数
8〜10回

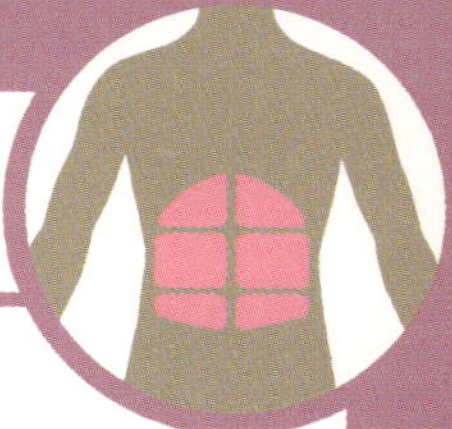

気になるお腹周りをしっかり引き締める腹筋運動

手を太ももに当ててスライドさせるように、ゆっくりと身体を倒す腹筋運動です。気になるお腹周りの引き締めに効果的。さらにねじりを加えると、脇腹も使え、よりすっきり引き締まります。

足は腰幅に開き、背すじを軽く伸ばした状態から少しずつ後ろに倒していく。

NG

顎を上げて身体を一気に倒すと、足が浮いてバランスが崩れる。

LEVEL UP

ツイスティングエキセントリックアブドミナル

Twisting Eccentric Abdominal

3.2 METs

膝を立てて座り、上体を起こした状態から後ろに倒していく。手は膝の上か前方に。

背中をゆっくりと床に近づけながら上体をねじる。両手は合わせ、視線は指先に。

引き続き上体を倒しながら反対側にねじる。膝は合わせたまま、足が動かないように。

ゆっくりと背骨を順番に床につけていくように腹筋を使って上体を下げていく。

ランジ&ウォーク

Range & Walk

回数
8〜10歩

下半身の筋力強化と有酸素運動のコンビネーション

体重をかけて足を踏み込むランジを行ないながら移動を続けることで、下半身全体の強化と脂肪燃焼を同時に行なうことができます。さらにツイストを加えると身体のわきの筋肉も使うことができます。

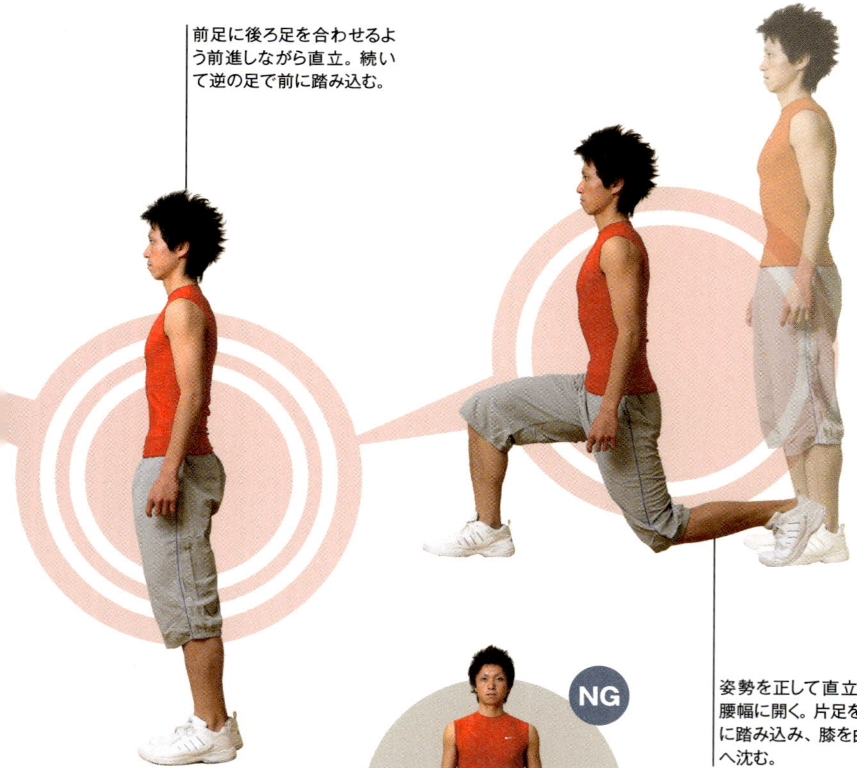

前足に後ろ足を合わせるよう前進しながら直立。続いて逆の足で前に踏み込む。

姿勢を正して直立し、足は腰幅に開く。片足を大きく前に踏み込み、膝を曲げ真下へ沈む。

膝が内側に入ると膝を痛める。腰もずれないように。

視線が床に落ち、
背中が丸まっている。

Point 上体はまっすぐ、
視線は正面に。

歩幅は無理のない範囲で
徐々に大きくする。

足はまっすぐ前へ踏み出す。
膝はつま先より出さない。

LEVEL UP

ツイスティングランジ&ウォーク

Twisting Range & Walk

6.7 METs

踏み込んだ足と同じ方向
に両手をまわし、上体を
ツイストさせる。顔は正面。

反対側も同様。ツイスト時
に顔も一緒に向けるとひ
ねりの動作が大きくなる。

ウォーキング（マシン）
Walking（Machine）

時間
15～20分

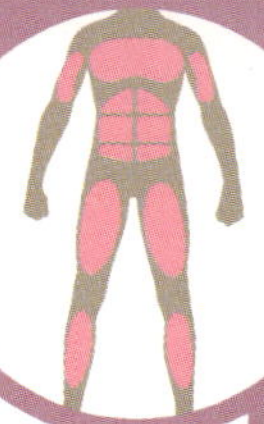

マシンを使った有酸素運動で脂肪燃焼

スポーツクラブにあるウォーキングマシンを使って、基本的な有酸素運動を行ないます。傾斜をつけて負荷を高めたり、スピードをアップさせたりすることも可能。体重や性別を入力すれば、消費カロリーもチェックできます。

背すじを伸ばし、胸をはる。左右の足は平行に大きく出してかかとから着地。腕は軽く曲げて大きく振る。
親指で地面を踏み、つま先で蹴る。

6.0
METs
（4km/時の場合）

VARIATION

クロストレーナー
Cross Trainer

7.0 METs

マシンの踏み台に足を乗せ、つま先は踏み台の前部分の内側に当てる。

手はハンドルを握りながら、踏み台を漕ぎ、両手足を十分に動かす。

視線は前方。顎を少し引いて肩をリラックスさせ、軽く胸をはり姿勢をキープ。

NG

疲れると下を向いて猫背になり、歩幅が小さくなってしまう。足をひきずらないよう注意。

サーキット
Circuit

回数
2〜3周

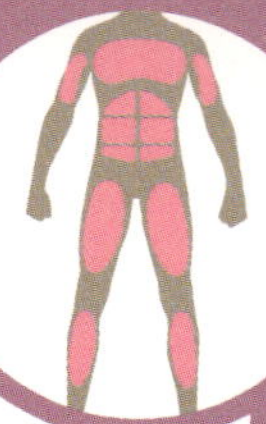

短時間で飽きずに脂肪ダウン&筋力アップ!

複数の筋力トレーニングや有酸素運動を連続して行なうことで、脂肪燃焼と筋力強化が期待できます。それぞれの運動を一定回数行ない、次の運動に移る前にその場足踏みなど有酸素運動をはさみます。流れを途絶えさせず休みなく動くことがポイント。

その場足踏み
10秒

プッシュアップ

(運動説明は p.36)

回数
5〜10回

その場足踏み
10秒

**ダイアゴナル
トランクエクステンション**

(運動説明は p.87)

回数
5〜10回

8.0
METs

バービー

(運動説明は p.66)

回数
8〜10回

トランクカール

(運動説明は p.42)

回数
5〜10回

Point 筋力トレーニングと有酸素運動を交互に行なうと効果的です。

フロントランジ

(運動説明は p.40)

回数
5〜10回

※この種目や順序は一例です。

タイプ別トレーニングモデルメニュー

増えてしまった脂肪を落としたいあなたに 1日トレーニングメニュー

メニューには、基本トレーニング・目的別トレーニングの内容もふくまれています。

ショートコース

多めの有酸素運動に、腹筋トレーニングを追加したショートコース。
全体で 30 分程度身体を動かしましょう。

1～2セット

1 ウォーキング p34
20 分
5.0 METs

2 サーキット p80
2～3周
8.0 METs

3 エキセントリックアブドミナル p74
8～10回
3.0 METs

weight 70kg 約220 kcal消費 セット

フルコース

体脂肪を落としながら、身体を引き締めていくフルコース。
長い有酸素運動に耐える基盤を作るための筋トレを加えていきます。

1～2セット

1 クロストレーナー
p79

20分 ／ 7.0 METs

2 ダイアゴナルバランスエクステンション
p86

左右交互に20回 ／ 3.5 METs

3 サーキット
p80

2～3周 ／ 8.0 METs

4 エキセントリックアブドミナル
p74

5～10回 ／ 3.0 METs

5 ランジ＆ウォーク
p76

8～10歩 ／ 6.5 METs

6 ウォーキング
p34

20分 ／ 5.0 METs

weight 70kg 約403 kcal消費／セット

脂肪燃焼さん
type C

type D

健康第一 ヘルコンさん

いつも健康に気をつけて
イキイキと日常生活を過ごしたい！

タイプDのあなたは「健康」というキーワードが気になる（ヘルスコンシャスな）人。よく道でつまずいたり、すぐに疲れてしまったりしませんか。身体機能の衰えが気になる年齢の方、長年の運動不足で身体を動かしにくいという人もいるかもしれません。そんな人には、日常生活の動きをスムーズにし、アクティブになるトレーニングを紹介します。

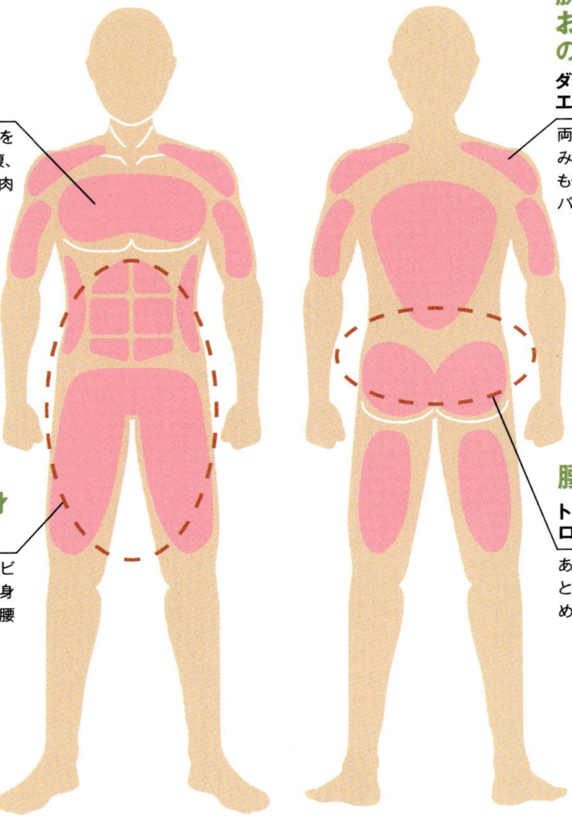

腕・胸・お腹・太ももの筋肉

ダイアゴナルトランクカール

あお向けになり肘と膝を近づける。腕から胸、お腹、太ももと身体の前側の筋肉を連動させて動かす。

腕・肩・背中・お尻・太もも・の筋肉

ダイアゴナルバランスエクステンション

両手両膝をついて伸び縮み。腕、肩、背中、お尻、太ももと身体の裏側の筋肉をバランスをとりながら動かす。

お腹から下半身

ニーアップジャンプ

もも上げとスキップのコンビネーション。お腹から下半身につながる筋肉強化で、腰痛も解消。

腰周りの筋肉

トランクローテーション

あお向けで身体をねじることでお腹と腰周りを引き締めるエクササイズ。

重要な筋肉を連動させて鍛え身体機能を高めていこう!

歩くときはもちろん、落ちているものを拾う動きや、背すじを伸ばして高い位置にある物をとる動きなど、日常生活でも身体は大きく動いています。そこで、アクティブに思いどおりに動ける身体を維持するために、複数の筋肉を連動させながら鍛えるトレーニングを行ないます。もちろん有酸素運動でベースとなる体力を身につけることも大切です。

ダイアゴナルバランスエクステンション
Diagonal Balance Extension

回数
5〜10回

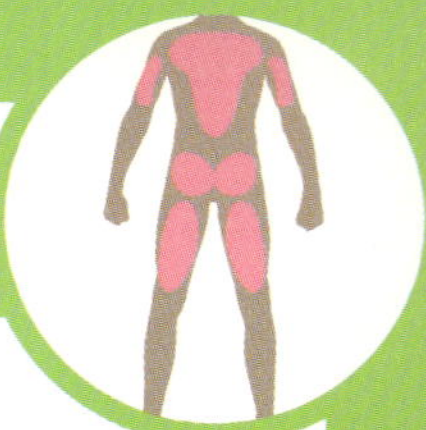

手足の先まで全身を使った体幹エクササイズ

腕、肩、背中、お尻、太もも、ふくらはぎ、足先と、全身を使った運動です。一連の筋肉を連動させて動かすことで、身体全体の動きがスムーズになり、体幹が鍛えられてバランス感覚も身につきます。

両手両膝を床につけ、片方の手と対角線上の足をゆっくりとお腹の下に引き寄せる。

身体を反らしすぎると腰を痛めてしまう。手足を上げすぎるとアンバランスに。

3.5
METs

VARIATION

ダイアゴナルトランクエクステンション
Diagonal Trunk Extention

3.5 METs

⚠ 腰に痛みがある人は避けましょう。

うつ伏せになって両手両足を軽く開いて伸ばす。

前方を見て、片手と反対側の足をゆっくり持ち上げる。逆も同様に。

息を吐きながら手足をゆっくり前後に伸ばす。前方の指先を見て身体は水平に。

ダイアゴナルトランクカール
Diagonal Trunk Curl

回数
5〜10回

身体の連動性を高める体幹エクササイズ

腕、胸、お腹全体、太もも、身体の表側全体を使った運動です。体幹を鍛えながら全身の筋肉を連動させることで、動きがスムーズになりバランス感覚が身につきます。

両手両足を軽く開き、あお向けに寝転がる。

対角線上にある肘と膝を合わせながら、お腹に力を入れて上体を持ち上げる。

3.5 METs

手の力で首を持ち上げようとせず、手足を上げること。息を止めない。

Point 視線はお腹のほうに。

反対も同様に。空いている手は床につけて身体を支える。顎は引いておくこと。

FOR BEGINNERS

ツイスティングアイソメトリックアブドミナル

Twisting Isometric Abdominal

3.8 METs

床に膝を立てて座り、上体を斜め後ろに倒し、片方の手を前に突き出して上体をねじる。

反対側の手も同様にして交互に突き出す。猫背にならないよう注意。

トランクローテーション
Trunk Rotation

回数
5〜10回

ねじりを加えたバランス運動で脇腹をトレーニング

あお向けになり、全身を使って身体をねじります。お腹と脇腹を中心に体幹を鍛えながら、左右の筋力バランスも整います。身体が引き締まるだけでなく動きもスムーズに。ダンベルを使うと筋力アップにも効果的です。

Point 膝は 90°くらいに。

あお向けに寝て、足を曲げたまま上方へ。両手は胸の上に伸ばして合わせる。

腕をゆっくりと片方にひねり、同時に足を反対方向へ。

手が足に近づきすぎるとねじりの効果が小さくなり、バランスも崩れやすくなる。

LEVEL UP

ダンベルトランクローテーション
Dumbell Trunk Rotation

3.7 METs

あお向けになって手足でダンベルを持ち、上方で支える。

ダンベルを保持しながら手足を同時に反対方向へひねる。

反対側も同様。膝に挟んだダンベルは両足で挟み込むようにすると、内ももの筋力強化につながる。

手足を反対側に。指先を見るように、首は自然に動かす。

ニーアップジャンプ

Knee Up Jump

回数
10〜20歩

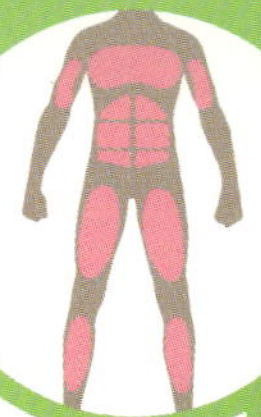

もも上げ+スキップで下半身全体のトレーニング

もも上げとスキップを組み合わせることで、太ももとお腹周りの筋肉を幅広く動かします。下半身が強化されるだけでなく、足のつけ根からお腹にかけての腸腰筋《ちょうようきん》の動きもスムーズになり、姿勢の改善や腰痛の緩和が期待できます。

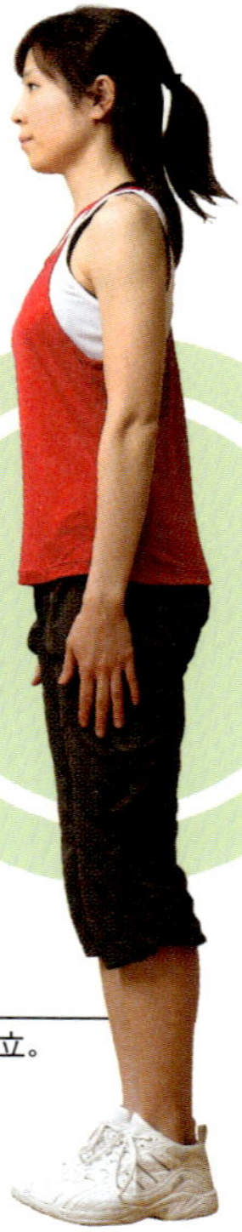

まずは姿勢を正して直立。顎は軽く引いておく。

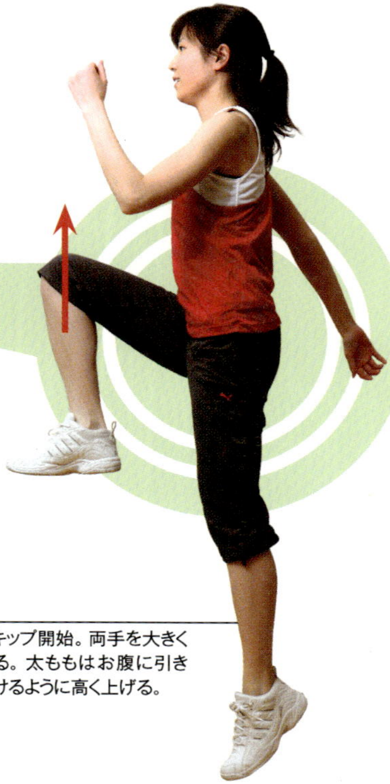

スキップ開始。両手を大きく振る。太ももはお腹に引きつけるように高く上げる。

床を踏みしめ、上体を起こしながら斜め前方にジャンプ。

ヘルコンさん
type D

猫背になったり、太ももが
下がったりしないように。

もう片方の太ももも、しっか
りと引き上げる。少し大股
でスキップするイメージ。

ヘルコンさん
type D

LEVEL UP
フォワードバウンディング
Forward Bounding

8.0 METs

最初は歩幅は小さくても
OK。徐々に大きくする。

さらに反動を使って反対側
の足で前方へ。

バランスをとりながら、片足
で着地。転ばないように。

タイプ別トレーニングモデルメニュー

普段の生活を健康に過ごしたいあなたに 1日トレーニングメニュー

メニューには、基本トレーニング・目的別トレーニングの内容もふくまれています。

ショートコース

身体の表側と裏側の筋肉をそれぞれ連動させる筋トレ。
体力アップにつながる下半身の運動を加えるショートコース。

1～2セット

1 ウォーキング p34
20分
5.0 METs

2 ダイアゴナルバランスエクステンション p86
左右交互に20回
3.5 METs

3 ダイアゴナルトランクカール p88
左右交互に20回
3.5 METs

4 フロントランジ p40
10～20歩
5.0 METs

weight 70kg 約147 kcal消費/セット

ヘルコンさん type D

フルコース

ウォーキングで体力、持久力をアップさせてから筋トレへ。
胸、体幹、下半身を鍛え、正しい姿勢を保つフルコースです。

1～2セット

1 ウォーキング ▶p34
20分
5.0 METs

2 プッシュアップ ▶p36
10回
3.9 METs

3 ダイアゴナルバランスエクステンション ▶p86
左右交互に20回
3.5 METs

4 トランクローテーション ▶p90
10回
3.5 METs

5 フロントランジ ▶p40
10～20歩
5.0 METs

6 ダイアゴナルトランクカール ▶p88
左右交互に20回
3.5 METs

7 ニーアップジャンプ ▶p92
10～20歩
6.0 METs

weight 70kg 約163 kcal消費／セット

Column 2

トレーニングを続けるためのコツ

運動を始めたのはいいものの、継続することもまた難しいですね。「雨が降ったから」「仕事が忙しいから」……。さまざまな理由で、「今日は休もうかな？」という気になるのはよくあることです。そこでトレーニングを続けるコツをご紹介します。

「やる気が出ないな」と思ったときは、ハードルをうんと下げましょう。とにかくウェアに着がえてみるとか、ジムのある駅で降りるだけ降りてみるとか、小さなアクションを目標にします。それでもやっぱり運動する気にならなければその日は休憩にしてもかまいません。でも、ちょっと行動を起こせば、不思議と続けてみようという気になるものです。雨の日や多忙な日のために、前もって別プランをつくっておくのも効果的です。

また理想や目標を思い出させる環境づくりも大切です。カレンダーやデスクトップに目標を書き込む、友達と約束しておく、など外からの刺激で運動への動機を再確認しましょう。

「マンネリだな」と思ったときは、身体の変化に合わせて、目標を新しく設定しなおすことがおすすめ。ウォーキングイベントに出てみるとか、ジムで違うプログラムに参加するとか、何かひとつでも変化を起こして新しいことをすれば、それが新たな刺激となります。そして、ときには自分にご褒美をあげるのもいいでしょう。

こんなふうに、その時々の心の状態に合わせて上手にモチベーションを上げるきっかけをつくれば、きっと長くトレーニングを続けることができるはずですよ。

STEP 3

なりたい身体をつくる！
目的別トレーニング

目的別
トレーニングのポイント

身体の気になる部分を
簡単に手軽にトレーニング！

　これから紹介する目的別トレーニングは、すべてのタイプの人に実践してもらいたいエクササイズです。「おなかをひっこめたい」「姿勢を良くしたい」「下半身を引き締めたい」「肩こりをなくしたい」「腰痛をなくしたい」「疲れにくい身体になりたい」というふうに、身体の中で特に気になる部分をピンポイントでトレーニング。手軽に行なえる運動で効果も得やすいです。基本トレーニングやタイプ別トレーニングと組み合わせるのがおすすめですが、時間がないときはこの目的別トレーニングだけでも、違いを体感でき、コンディションもよくなるはずですよ。自宅で行なえる運動も多いので、適切なツールを使って毎日ちょっとしたスペアタイムでトレーニングを行なうようにしましょう。

肩こり
おなか
姿勢
体幹
腰痛
下半身

おなかをひっこめたい！

さまざまな方法で腹筋を鍛えることでお腹周りがすっきり

全身の印象はそれほど太っていないのに、お腹周りだけたっぷりと脂肪がついているという人は意外と多いものです。どうしても脂肪がたまりやすいお腹周りは、気になる部分ナンバーワンかもしれません。これまでに紹介している有酸素運動と組み合わせて、さまざまな腹筋運動を習慣的に行ない、徐々に腹筋を引き締めましょう。まずは10回ずつなど無理のない範囲で目標を立て、毎日継続して取り組むことが大切です。

ツイスト腹筋
Twisting Sit-up

ねじりながらの腹筋運動で脇腹の肉を退治！

通常の腹筋運動に加えて、左右にツイスト（ねじり）運動を加えていきます。前面の腹筋だけでなく身体のわきの腹筋もしっかりと使えるので、脇腹が引き締まります。腕の力に頼らないよう注意しましょう。

回数
8～10回

3.0
METs

両膝を立てて、床にあお向けになる。足は腰幅に開き、両手は軽く耳か頭の後ろに添えておく。

LEVEL UP

サイドライシットアップ
Side Lie Sit-up

2.7 METs

横になり、腕で上半身を支える。両足は重ね、少し膝を曲げて身体を安定させる。

Point 上の手をすべらせるように。

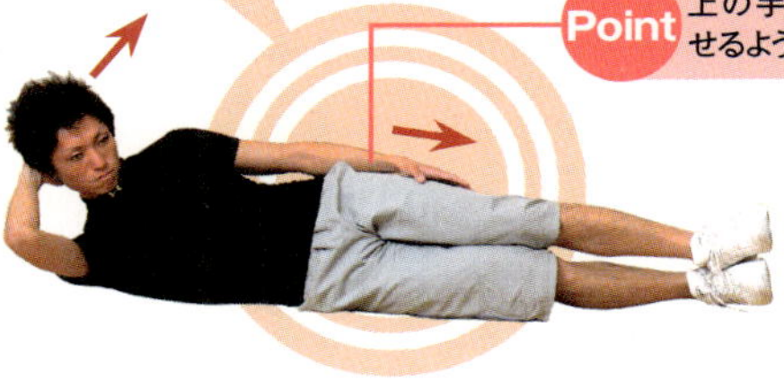

脇腹の筋肉を使い、上半身を持ち上げる。手の力で頭だけを持ち上げないこと。

NG

腕の力で頭だけを持ち上げ、姿勢が崩れている。

息を吐いてツイストを加えながら、背中を丸めつつ腹筋を使って起き上がる。視線はおへそ。

ニートゥチェスト
Knee to Chest

足を動かして腹筋力を鍛えるエクササイズ

座った状態、または床にあお向けになった状態で下半身を動かし、広い範囲の腹筋を鍛えます。はじめはきつく感じるかもしれませんが、少しずつ下半身を動かす範囲を大きくしていきましょう。

回数 5~10回

3.5 METs

Point 上体は軽く倒すくらいでもよい。

床に座り、手は腰より後ろについて上体を支える。両膝を軽く曲げて足を上げる。

両膝を揃えたまま胸にゆっくりと近づける。しばらくキープして、再び足を伸ばす。

NG

足を伸ばしすぎるとアンバランスに、腰に負担がかかる。

VARIATION

レッグレイズ
Leg Raise

3.5 METs

あお向けに寝て両手は床に。両膝を曲げて床から少し浮かせておく。腹筋を使って、腰を丸めながら足とお尻をゆっくりと持ち上げる。両膝はそろえたまま伸ばさないように。

ロータリートーソ
Rotary Torso

マシンを使った腹筋エクササイズ

スポーツクラブにあるマシンを使って、腹筋や脇腹の筋肉を使う運動です。負荷や身体を動かす範囲は、体調や体力に合わせて無理のないよう調節しましょう。身体はゆっくりと動かします。

回数 左右へ8～10回

3.5 METs

背すじを伸ばしてシートに深く腰掛ける。手は軽くレバーをつかむ。

背すじを伸ばしたままゆっくりと上半身をツイストさせる。反対も同様。手に力を入れないこと。

VARIATION

アブドミナル
Abdominal

3.5 METs

背すじを伸ばしてシートに深く腰掛ける。顔は正面、手は軽くレバーをつかみ、足は台に固定する。

ゆっくりと息を吐きながら上半身を丸めつつ、レバーとともに上体を前に倒す。手に力を入れないこと。

姿勢を良くしたい！

背筋や体幹を鍛えて上半身のバランスを整えることで、美しい姿勢が手に入る

普段から猫背の姿勢になってしまっている人は、背筋や体幹が弱くなっているかバランスが崩れているのかもしれません。特に、デスクワークが多い人は、姿勢が悪くなりがちです。そこで正しい姿勢を保つために、まずは背中周りの筋肉を鍛えましょう。続いて胸や背中を気持ちよくストレッチさせることで、背骨のゆがみを整えていくことができます。すらりと美しい姿勢を手に入れれば、周囲に与える印象もがらりと明るく変化するはずですよ。

ベントオーバーサイドレイズ
Bent-over Side Raise

ダンベル運動で肩こう骨と背中の筋肉を強化する

ダンベルを使った効果的なウェイトトレーニングです。肩、肩こう骨、背中の筋肉がバランスよく鍛えられます。ダンベルの重さは、はじめは軽くしておき、徐々に負荷をつけることで筋肉が強化されていきます。

回数 8～10回

3.5 METs

両手にタンベルを持って軽く膝を曲げ、背筋はまっすぐ前かがみになって前方に腕を下ろす。足は肩幅に。

VARIATION

ベントオーバーセミフロントレイズ

Bent-over Semi-front Raise

3.5 METs

スタートの姿勢はサイドレイズと同じ。

Point 背中の下部を意識して使う。

バンザイをするように背すじと同じラインまで手を斜めに上げる。

Point 背中の上部を意識して使う。

背すじは伸ばした状態で、ゆっくりと両手を横に、肩と同じ高さまで持ち上げる。

NG

反動をつけたりダンベルを上げすぎたりすると、肩や腰に負担がかかる。上体を反らさない。

胸のストレッチ（中）
Stretching for Chest

壁を使って簡単にできる胸のストレッチ

背中が丸まって固くなった胸の筋肉をストレッチ。猫背の人は胸や肩が固いことが多いもの。壁に手を当てて伸ばすことで、胸から肩が気持ちよく伸びていくのがわかるはずです。手の位置によって伸びる部位を変えられます。

回数 5〜10秒

2.0 METs

壁に手をつける際、強く押しすぎない。

肩とほぼ同じ高さに手を伸ばして壁に押しつけ、胸の筋肉を伸ばす。

VARIATION

胸のストレッチ（上下）
Stretching for Chest

2.0 METs

胸の筋肉の中央〜下部を伸ばせる。

肘を90°に曲げて手を少し上方の壁に。身体の回転を生かして胸の筋肉を伸ばす。

胸の筋肉の中央〜上部を伸ばせる。

肩より下のほうの壁に手をつけて、身体をねじりながら胸の筋肉を伸ばす。

ストレッチポール（胸・肩こう骨）
Stretch Pole

ストレッチポールで背骨のゆがみを矯正

一定の固さの円筒状のストレッチポールを使って、背筋を伸ばしながらストレッチさせます。背骨や肩こう骨周りの筋肉をリラックスさせ、正しい位置にリセットしましょう。バランスを崩し転倒しないよう、ゆっくりと行ないます。

回数 4～6回

1.5 METs

ポールの中央に背骨を合わせ、お尻と頭をのせてあお向けに。自然に膝を立てて手は床に。これが基本姿勢。

両手を一度上に伸ばしてから、胸を広げるように肘が90°になるまで下げる。

肩より肘が上がっていると肩の関節を痛める可能性あり。

LEVEL UP

ストレッチポール（ゆらぎ）
Stretch Pole Variation

1.5 METs

基本姿勢をとる。

両手を真上に上げ、ゆっくりと左右に動かす。

手を動かすとき、身体の軸を反対側にずらす。

下半身を引き締めたい！

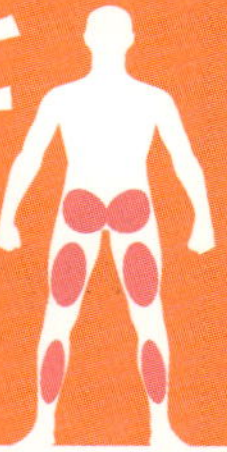

手軽な運動で日常的に下半身の筋肉を鍛える

お尻や太もも、ふくらはぎなど、下半身が引き締まっていると、パンツスタイルがよく似合い、いつまでも若々しい印象が保てます。ここで紹介するのは、どれも手軽に日常生活の中で習慣にして行なえる運動ばかり。階段や椅子、部屋の床を使って、仕事中や家事の合間、空いた時間に少しずつエクササイズを行なうようにしましょう。足腰が鍛えられてしっかりと運動できるようになり、脂肪も効率よく燃焼されるようになります。

カーフレイズ
Curf Raise

日常生活の合間に
ふくらはぎを鍛える

自宅や職場の階段を使って、手軽に行なえるふくらはぎのエクササイズ。段差を利用してつま先立ち運動をすることで、ふくらはぎの筋肉が鍛えられます。壁に手をついて支えるといいでしょう。

回数 8～10回

3.0 METs

Point
前傾すると動かす範囲が広がる。

階段などの段差を利用し、つま先だけで立つ。かかとは段差より下に。

VARIATION

シーテッド カーフレイズ
Seated Curf Raise

2.0 METs

Point ふくらはぎの中でも違った場所を鍛えられます。

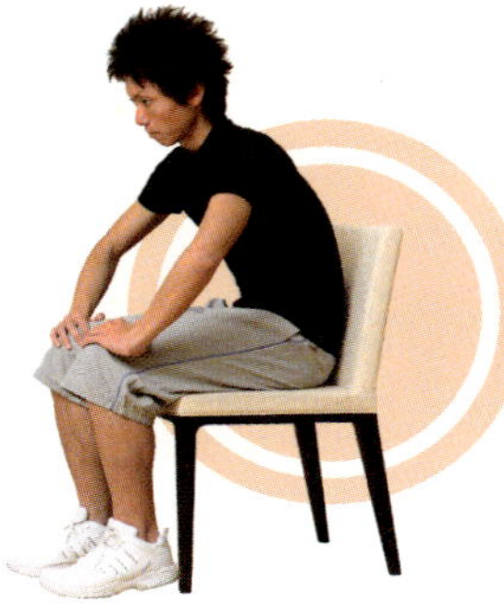

椅子に深く腰掛け、膝の上に外側から手をのせる。上体は少し前かがみにしておく。

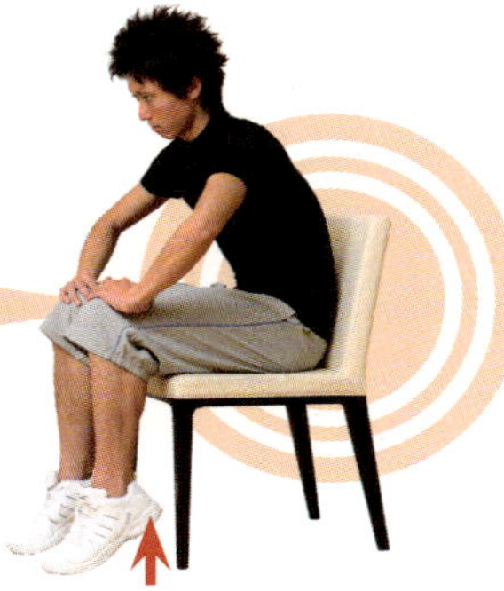

ふくらはぎの筋肉を意識しながら、ゆっくりとつま先を持ち上げる。動作を繰り返す。

足の内側や外側だけでなく、足全体をまっすぐに上げる。

倒れないように手で支えながら、つま先立ちになって、ふくらはぎを引き締める。

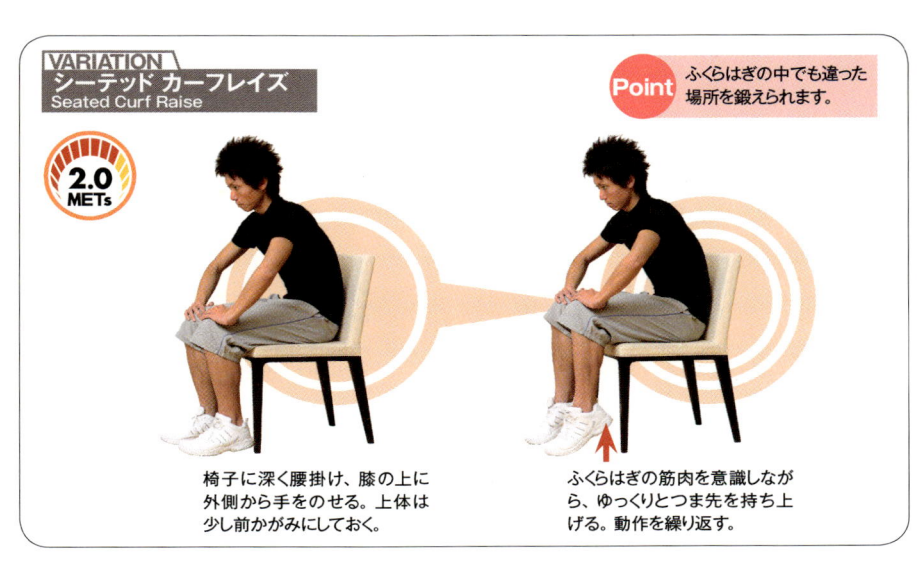

ヒップリフト
Hip Lift

リラックスタイムに簡単エクササイズ

お尻から太ももの裏を引き締めるエクササイズです。床に寝転んで気軽に行なえるので、毎日のリラックスタイムの習慣にしてみましょう。腰を痛めている人は、注意が必要です。ゆっくりと行ないましょう。

回数 5〜10回

3.5 METs

膝を軽く曲げて、床にあお向けになる。腕は軽く広げ、手のひらは下に向けておく。

手で身体を支えながら腰を持ち上げる。

NG

身体が反ってしまうと腰に負担がかかるので注意。

VARIATION

サイドライヒップリフト
Side Lie Hip Lift

3.5 METs

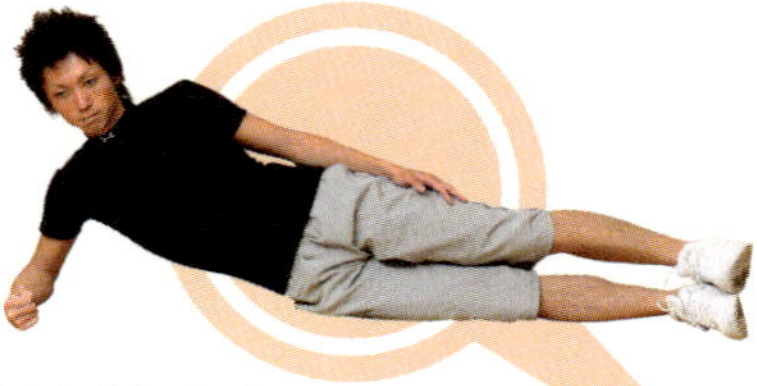

横向きに寝転び、上半身は起こして片腕で支える。足はそろえておく。

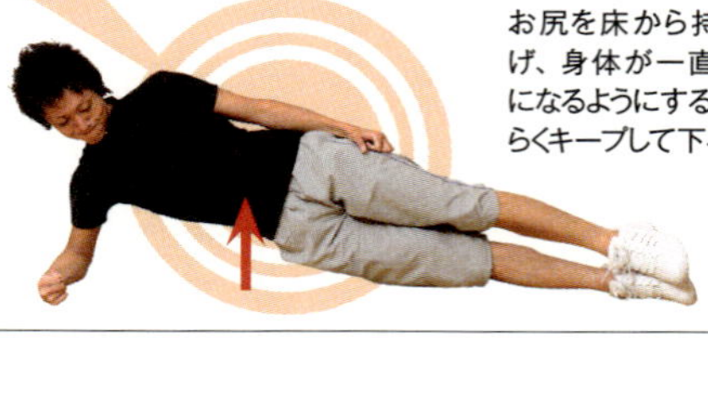

お尻を床から持ち上げ、身体が一直線上になるようにする。しばらくキープして下ろす。

レッグカール
Leg Curl

マシンを使って太ももを鍛えるエクササイズ

マシンを使って行なう太もも強化のエクササイズ。太ももは身体の中でも特に大きな筋肉がある部分。すっきりとした足になり、基礎代謝アップも期待できます。

回数
5〜10回

4.0
METs

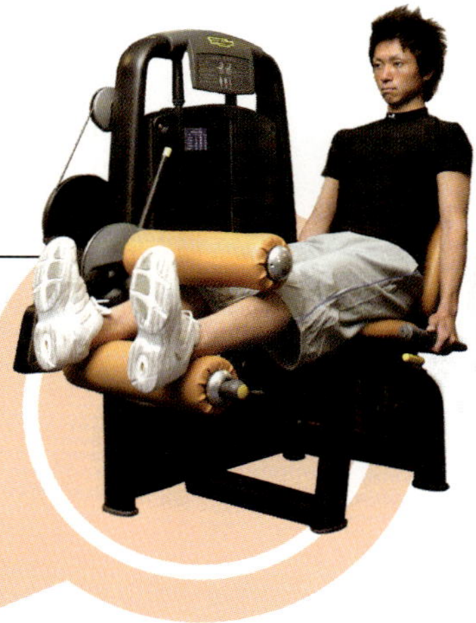

背すじを伸ばしてシートに深く腰掛ける。足首を下段のバーにのせ、軽くサイドバーを握る。

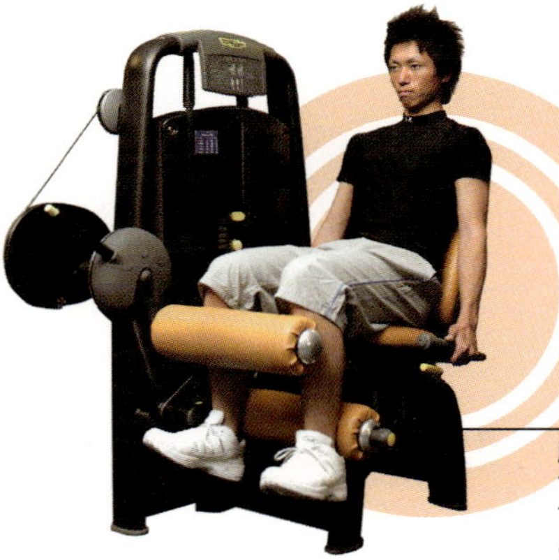

膝は固定したまま足首でバーを巻き込むように下げる。太ももの表側の筋肉を意識。

VARIATION

ヒップエクステンション
Hip Extension

4.0
METs

姿勢を正して直立し、バーに片足の膝の内側を当てるようにのせる。手は軽く前のレバーを握る。

バーを回すように、足を後方へ。足を伸ばしながら、かかとが地面をすべるようにして蹴る。

肩こりをなくしたい！

肩の筋肉を強化して、肩こりとおさらばしよう

肩こりは現代人に多く見られる悩みの一つ。これはデスクワークなどで長時間同じ姿勢をとっている場合に肩の筋肉が固くなり血行が悪くなることから起こります。マッサージに何度通っても同じ姿勢を続けていれば、こりは再発します。それよりも肩の筋肉を強化したり、ストレッチで柔らかくしたりすることで根本から問題を解決しましょう。ここに紹介する簡単トレーニングを習慣づけることで、肩こり知らずの身体に近づきます。

ダンベルショルダープレス
Dumbbell Shoulder Press

ダンベルを使って
肩の回転をスムーズに

両手にそれぞれダンベルを持ち、肩を回転させながら持ち上げることで、肩の筋肉を強化し、動きをスムーズにします。肩こりのある人は、肩が動かされて、気持ちよく感じるはずです。

回数 8〜10回

3.5 METs

肩幅に足を開き直立。ダンベルを両手に持ち肘を曲げて肩の高さに持ってくる。

背すじを伸ばして肩を
回転させながら、ダン
ベルを頭の上までゆっ
くりと持ってくる。

さらに肩を外側に回転させ
ながら、真上に腕を伸ばし
てダンベルを持ち上げる。

腕が真上に伸びず広がっ
ている。

サイドライローテション（外旋）
Side Lie Rotation(External)

寝転がりながらの肩こう骨周辺トレーニング

ベッドやソファなど台を使ってのトレーニングです。ダンベルの重みで肩こう骨周りをのびやかに動かし、「肩のインナーマッスル」をじわりじわりと鍛えることができます。外旋と内旋の両方をバランスよく行ないましょう。

回数 5～10回

2.0 METs

台に横になる。上の手にダンベルを持ち、肘を身体につけて、だらりと下げておく。

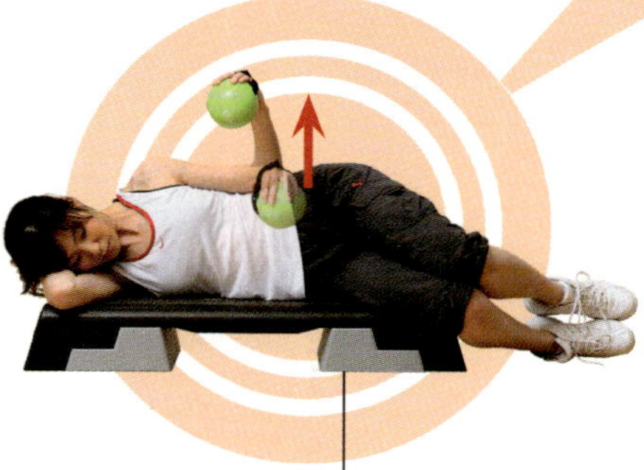

腕をわきにつけたまま、ゆっくりと肘から先だけを動かしてダンベルを持ち上げる。

勢いよく肘を上げると、肩を痛める恐れあり。

VARIATION

サイドライローテーション（内旋）
Side Lie Rotation(Internal)

2.0 METs

台に横になる。下側の肩を少し前にずらしてダンベルを持ち、肘は90°に。

腕は固定し角度は変えず、ゆっくりと肘から先だけを動かしてダンベルを持ち上げる。

ストレッチポール（腕の外転）
Stretch Pole(Arm Adduction)

ストレッチポールを使って 肩を大きく動かす運動

ストレッチポールの上にあお向けになり背骨のゆがみをリセットしながら、肩周りを動かします。こりがほぐれていくのが実感できるエクササイズですが、痛みを感じたら無理せずストップしましょう。

回数 5～10回

1.5 METs

ストレッチポールに背骨を合わせてあお向けになる。足は軽く曲げて腰幅に。

力を抜いて腕をゆっくり大きく回し上げる。床から離れない範囲で上下を繰り返す。

無理に手を上げない。

VARIATION
ストレッチポール（床みがき）
Stretch Pole(Floor Swabbing)

1.5 METs

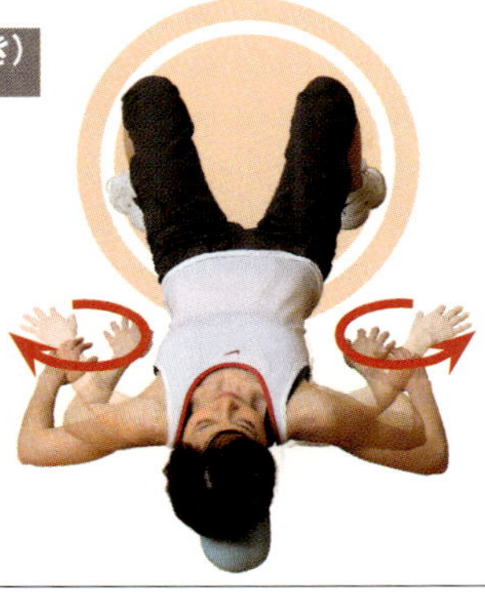

Point 回転の向きはどちら側でもOK。

ストレッチポールにあお向けになり、床に手をつけて床みがきをするように回転させる。肩周りの筋肉が動くのを意識して。

腰痛をなくしたい！

腰は身体の要！ 丈夫な腰を手に入れよう

骨格がゆがんでいるとき、悪い姿勢が続いているときなどに腰痛が起こります。ひどくなるとヘルニアなど大きなケガにもつながりかねません。腰は身体を支える大切な幹。日頃からストレッチやエクササイズで、腰周辺の筋肉を鍛え、動きをスムーズにしておく必要があります。ここに紹介する簡単エクササイズで丈夫な腰を手に入れましょう。

サイドベント
Side Bent

腰の横をストレッチ＆トレーニング

ダンベルの重みを生かして、脇腹をトレーニング。腰を痛める原因となるので、勢いをつけて動かすのではなく、ゆっくり伸びを感じて大きな動きで行なってください。ダンベルを用いずに行なうバリエーションもご紹介します。

回数 5〜10回

3.0 METs

足は腰幅、片手でダンベルを持つ。もう片方の手は軽く頭の後ろに添えておく。

LEVEL UP

サイドレッグレイズ
Side Leg Raise

3.5 METs

横になり、下の手は伸ばすか頭に軽く添える。逆の手で床を支え、身体を一直線に。

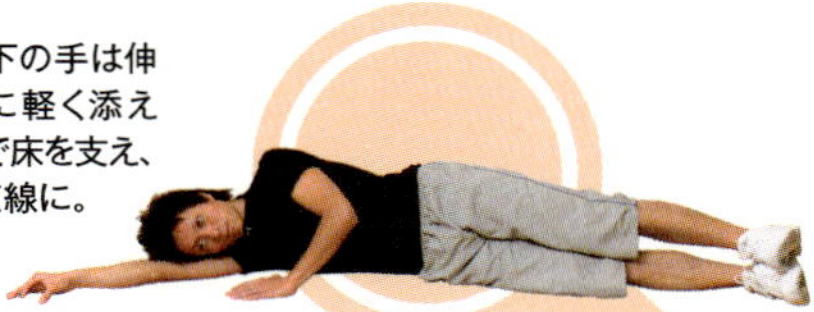

両足を少し持ち上げる。腰のわきの筋肉が使われているのを意識する。

ダンベルを持った手と反対側へ上体を倒す。次に脇腹を伸ばして逆側に身体を倒す。

NG

身体が丸まり前方に倒れている。腰がずれないこと。

ドッグ&キャットエクササイズ
Dog & Cat Exercise

犬や猫のような滑らかな腰の動きで姿勢改善

両手両膝を床につけて体幹を上下にカーブさせ、収縮と弛緩を繰り返す、ピラティスのエクササイズ。腰とお腹がほぐされ、腰が楽になるのがわかるでしょう。

回数 5〜10回

2.0 METs

両手両膝を床につけて、手は肩幅、足は腰幅に。頭と背中が一直線になるように。

Point 目線は前方の床を見る。

Point 膝はお尻の下に、手は肩の下に。

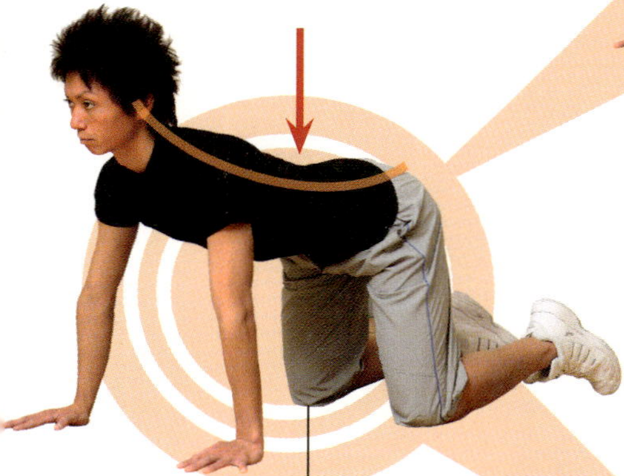

顎は上げないで、おへそが床に引っ張られるようにお腹を下げ、背筋を伸ばす。しばらく止めて。

今度はおへそを覗き込み、腰が引っ張られるように背中を引き上げる。少し止めてスタートの姿勢に戻る。

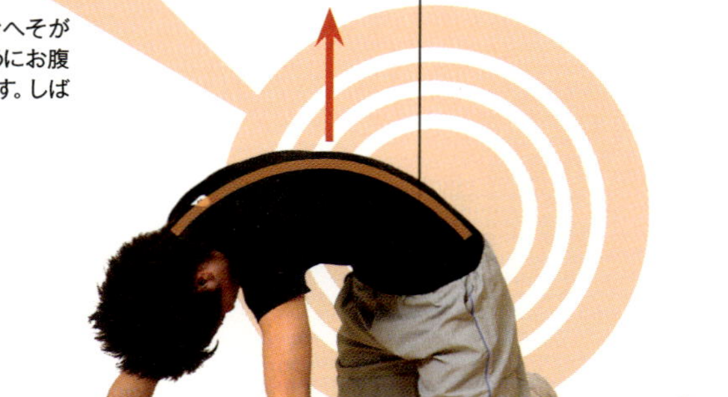

NG

顎が上がり腰を反らしすぎると、腰痛が悪化することがあるので注意。

ストレッチポール（対角）
Stretch Pole

ストレッチポールを使って全身を伸ばす

ストレッチポールの上にあお向けになり、手足を対角に大きく伸ばすことで全身をストレッチします。足を上げる動作で腰の反りを緩和し、体幹を強化します。

回数 4~6回

1.5 METs

ポールに背骨を合わせてあお向けに。軽く膝は曲げ、足は自然に置く。

片方の足を伸ばし、対角の手をゆっくり大きく伸ばす。手足を左右逆にして反対も。

バランスを崩さないように、無理のない範囲で行なう。

VARIATION

ストレッチポール（片足上げ）
Stretch Pole

1.5 METs

手は床につけて身体を支え、軽く膝は曲げる。

片足を引き上げ、太ももをゆっくり胸に近づける。反対の足も同様に。

疲れにくくなりたい！

体幹《コア》を鍛えて疲れにくい身体をつくる！

体幹《コア》とは、身体の幹となる脊椎、胸・背中・腰・お腹周りを支える一連の筋肉や骨のこと。体幹を鍛えるということは、身体を自然な状態に維持し、安定させることにつながります。バランスボールを使って、家でも簡単にできる方法で、身体の中心部分の筋力とバランス感覚を養いましょう。体幹を鍛えれば身体のゆがみが矯正され、動きやすく疲れにくい身体になるのです。肩こりや腰痛も緩和されるほか、歩行中につまづいたり、運動中にケガをしたりといったトラブルも起きにくくなります。

太ももが床と水平になるよう座り、背すじを伸ばす。足は腰幅に。

腰と膝が90°になるように座る。視線は正面。

ボールバランス
Ball Balance

ボールを使っての基本姿勢からバランスへ

まずはバランスボールに正しい姿勢で座ります。これだけで、体幹が徐々に強化されます。慣れてきたら腕と足を持ち上げて、その場で軽いバランストレーニングを行ないましょう。

時間 3～5秒をリピート

1.7 METs

片足を上げて伸ばす。最初は床から少し浮く程度でOK。

背中と腰、足とボールがそれぞれ90°になる状態を心がける。

下腹に力を入れて両腕を床と平行に伸ばす。肩はリラックス。

腰を反りすぎると負担がかかるので気をつけて。

猫背にならないように十分注意する。

ボールバウンドウォーク
Ball Bounding Walk

バウンドから足踏みへ

ボールをバウンドさせながら、歩行（足踏み）運動を行ないます。体幹を鍛え、身体の軸をまっすぐに保つ運動ですが、バランスを崩しやすいので転倒には十分注意してください。ボールの下に専用のリングをつけると安定します。

回数 8〜10歩

7.2 METs

ボールの上でまっすぐ上下に体を弾ませる。最初はバランスを崩さない程度に少しずつ。

慣れてきたらその場で足踏みをするように、両手両足を交互に動かす。

弾みに合わせて、その場で足踏み。バランス感覚が強化される運動。

バウンドの際、軸が左右にぶれないよう注意。

ボールトランクカール
Ball Trunk Curl

簡単なポーズで腹筋を鍛える

バランスボールを使っての簡単な腹筋運動です。足に密着させたボールを押さえながら上半身を持ち上げます。尾てい骨や腰が床にあたって痛いときは、タオルやマットを敷くといいでしょう。

回数 5〜10回

2.5 METs

太ももとふくらはぎにボールをつけ、上半身はあお向けに床に倒す。手は太ももに添えて置く。

ゆっくりとお腹から上体を起こす。手を頭の後ろで組んでもOK。息を止めないように行なうこと。

NG

首と肩にだけ力が入っているケース。首に負担がかかり、腹筋がしっかり使えない。

LEVEL UP

ボールツイストトランクカール
Ball Twisting Trunk Curl

3.5 METs

片方の手を、反対側の膝に伸ばして上体をねじり起こす。床についた腕で身体を支えてもOK。

ボールバックエクステンション
Ball Back Extension

ボールに支えられながら腰・背筋を強化

バランスボールを使った背筋運動です。背筋力の強化は、腰周りのシェイプアップに不可欠。すっきりとしたボディラインになるだけでなく、姿勢をまっすぐに保つのに大切な筋力を養うこともできます。

回数 5〜10回

3.5 METs

ボールの真上にうつ伏せになり、抱え込むように体を丸める。手は軽く頭の後ろ、足は腰幅に広げる。

背すじがまっすぐになるところまでゆっくりと上体を起こす。1〜2秒キープしてから、再びゆっくりと身体を下ろす。

NG

腰や背筋を反らしすぎたり体を上げすぎたりするのはNG。腰を痛める原因に。

ボールツイストアブドミナル
Ball Twisting Abdominal

ツイスト腹筋運動でくびれを目指せ！

バランスボールに座った状態での腹筋運動。身体を支えながらねじることで脇腹を中心に多くの腹筋を使うため、腰周りがすっきりとした印象になります。不安定になるので、慣れるまではボールに専用のリングをつけましょう。

回数 5〜10回

6.2 METs

片手は軽く頭の後ろ、足は腰幅に。反対の手はボールに添えて身体を支える。

身体をねじるようにして丸めながら、対角線上の肘と膝を合わせるようにする。床についた足は浮かせない。

身体の軸や座る位置がずれていると横に転倒する恐れがあるので要注意。

FOR BEGINNERS

ボールアブドミナル
Ball Abdominal

3.0 METs

姿勢を正して足を腰幅に開いて座り、お腹に力を入れて上体を丸める。おへそをのぞき込むように。

ボールヒップリフト
Ball Hip Lift

お腹、太もも、ヒップ強化の3点セット

お尻と太ももの裏の筋肉を使う運動です。腹筋が鍛えられるだけでなく、ヒップアップや太ももの引き締めに効果的。お尻を持ち上げた際、ボールが身体から遠くなるほど難易度が上がります。

時間
5秒キープを3〜5回

3.8
METs

寝転がって足をボールにのせ、軽く引き寄せる。手は斜め下に伸ばし床を支える。

身体が一直線になるまでゆっくりとお尻を持ち上げる。下腹、裏太もも、お尻に力を入れてキープ。

NG

お尻を上げすぎて腰が反らないようにお腹に力を入れ、腰への負担を避ける。

ボールシャクトリー
Ball Worm Exercise

体幹と骨盤・全身の筋肉を使ったボール運動

ボールを使った体幹運動の最後は全身を使ったトレーニングです。ボールを転がしながら巻き込むようにして身体を伸び縮みさせます。なるべく広い空間で行ないましょう。

回数 5回

6.0 METs

NG

左右に転倒しないようボールの上にまっすぐにのる。背中や腰が反りすぎないよう注意。

太ももがボールの上にくるように覆いかぶさる。腕は肩幅に開いて床につく。

腕で身体を支えながら、ボールを巻き込むように身体を折りたたむ。

身体を丸め、ボールを胸の近くまで引き寄せる。足を後ろに伸ばして運動を繰り返す。

FOR BEGINNERS

ボールレッグカール
Ball Leg Curl

2.5 METs

あお向けに寝て、ふくらはぎから足首のあたりをボールにのせる。太ももをお腹に引きつけるようにゆっくりボールを引き寄せたら、再び足を伸ばす。

Column
3

自宅用ツールの選び方

自宅で簡単に効果的なトレーニングを行なうために、さまざまなエクササイズツールを使ってみましょう。ここでは、いくつかのお役立ちツールと、そのメリット、使用方法をご紹介します。

❶バランスボール

バランスボールを使った運動は体幹（コア）トレーニングに最適。付属のリングはボールを安定させて転倒を防ぐので、お子様やご高齢の方におすすめです。ボールを選ぶ際は身長に合わせたサイズを用意しましょう。座ったときに膝が約90°になるのが理想。目安は150cm～170cmの人で直径55cm程度です。

❷グリップダンベルボール

ダンベルを使えば、手軽に気になる部分を鍛えることができます。このツールは、柔らかいゴムボールのような弾力性のある素材で、安全性が高いのが特徴。サイズを調整できる固定ベルトがついています。手や足に装着して、肩、二の腕、太もも、お尻など気になる部分を集中的にトレーニング。まずは1kg程度の重さから使い始めましょう。

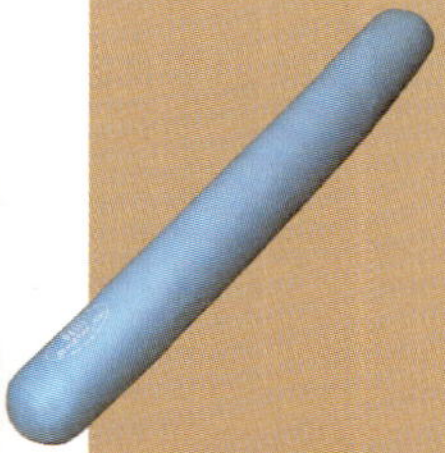

❸ストレッチポール

背骨まわりの筋肉をほぐして正しい位置にリセットできるツール。腰、背中、肩を気持ちよくストレッチできます。自分の体重を利用できるため、余計な負荷は感じずに運動を行なうことができます。必ず正しい姿勢でポールの上に、あお向けになりましょう。骨盤から首のつけ根までの背骨をポールの真上に寝かせることが重要です。安定のために手足で支えながら運動を行ないましょう。

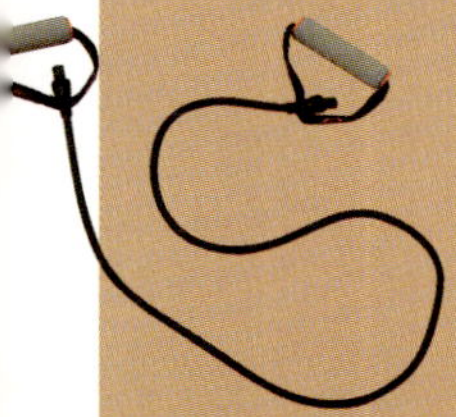

❹チューブ

ゴムの張力で身体のさまざまな筋肉を鍛えられるツールです。筋力に合わせてチューブの長さを調整することで、負荷を自由に変えられます。運動の際は呼吸を止めないで行ないます。ゴムを伸ばせば伸ばすほど、負荷が強くなるので、急に力を抜くと筋肉や関節を痛める原因になります。ゆっくりとトレーニングを行ないましょう。

＊本コラム内の写真は、東急スポーツオアシスの取り扱い商品です。

STEP 4

食でボディデザインを制する！

トレーナー直伝！

意外に知らなかった

食事のヒント

運動中は上手に水分補給！

**1時間に500㎖のペットボトル1本分
スポーツドリンクと水を交互に飲めば吸収力アップ！**

人間の身体の約三分の二は水でできています。水には血液を循環させて栄養や酸素を送る役割、体温調節をするといった大切な役割があります。「水太り」という言葉がありますが、健康な人が普段の生活の中で1日1～2ℓの水を飲んでも、それが原因で太ることはありません。むしろ運動をする人は、発汗や呼吸などで失う水分を積極的に補う必要があるのです。

また、運動中は体温が急速に上昇します。この体温を下げ、一定に保つ働きをするのが水分です。トレーニングやジョギングなど、運動の内容にもよりますが、1時間で約500㎖、ペットボトル1本分の冷たい水をこまめに定期的に飲むのが体温維持には最も効果的と言えます。

実は「のどが渇いたな」と感じたときには、身体はすでにかなりの水分不足状態。体内への水分補給をすみやかに行なうためにも、喉の渇きを感じてから一気に大量の水を飲むのではなく、15～20分おきにコップ1杯ずつくらいの水をこまめに摂るようにしましょう。

また汗は水分だけでなくミネラルも排出するので、長時間の運動時にはスポーツドリンクを飲むのも好ましいですね。ただし、市販のスポーツドリンクでは糖質（炭水化物）過多になりかねません。そこでトレーナーがすすめているのが、スポーツドリンクと真水を交互に飲む、あるいは半分に薄めて飲むという方法。これならカロリーオーバーを防げ、濃度が薄まることで水分吸収もスムーズに行なわれるはずですよ。

トレーニング前には炭水化物を忘れずに

運動の2時間前はおにぎり、1時間前はフルーツ 30分を切ったらスポーツドリンクを

運動前に、みなさんはどんなものを食べていますか？ダイエット中だからといって空腹のまま運動をしようとしていませんか？　エネルギーとなる糖質が不足しているとスムーズに身体を動かすことができないばかりか、脳の重要なエネルギー源が不足してしまい大変危険です。また筋肉の分解が進む可能性もあります。逆に、運動前にたくさんの食事を摂りすぎると、血液が胃に集中してしまい、身体を適切に動かすことができなくなります。

理想は、運動開始3～4時間前にバランスの良い適量の食事を摂ること。そうはいっても実際の生活では、なかなか思う時間に食事ができない場合もありますよね。

そこで、おすすめしているのが運動前に少量の糖質を摂ることです。ただし食材によって消化・吸収されるスピードが違うので、運動までの時間に合わせて適切なものを食べるのが効果的。たとえば、運動の約2時間以上前に簡単な食事ができるなら、おにぎりやパンなどがおすすめです。約1時間前なら果物やゼリーなどの消化吸収がしやすいものを。

どうしても時間がとれず、空腹のまま運動開始までに30分もないときは、スポーツドリンクや飴玉などで最低限の糖質を補いましょう。ただし、このときはごく少量で我慢。運動直前や運動中に甘いものを大量にとると、急激に上がった血糖値を下げようとインスリンが大量に分泌し、逆に低血糖になり気分が悪くなることがあるからです。

タイミングを見ながら、適切な食材を摂ることが、運動の成果アップにつながります。

夜遅くのトレーニング後、どうしても食べたいときに

運動前後・就寝前と、食事は小分けに 睡眠2時間前になったら、おかゆやポタージュを

忙しい現代人は運動や食事の時間をとるのも一苦労ですね。たとえば「残業を終えてから夜遅くトレーニングをする場合、いつ食事をすればいいかわからない」というのはよく聞く悩みです。

普段の夕食では、幅広いメニューを楽しみながら1日に不足しがちな栄養素をきちんと補うことが理想的です。そして肥満を防ぎ、質の高い眠りを確保するためにも、就寝の2、3時間以上前に夕食をすませるというのはもはや定説になっていますね。しかし実際は、夜遅くに運動をすると、就寝までにゆっくり時間をとって食事ができなかったり、すでに深夜になっていたりということもあるでしょう。そんなときは、簡単な食事で一日の疲れと運動後の疲れを回復させましょう。

そこで気をつけるのが食事のタイミングと種類です。運動直後は疲労回復のため、なるべく早く、フルーツジュースなどで水分や糖質・ビタミンを補給すること。空腹なら甘いものやおにぎりなどで小腹を満たしてもいいでしょう。そして帰宅後は、就寝までに約2時間あれば、温野菜や魚料理など低脂肪・低エネルギーの食事を。もし2時間を切っていたら固形物は少なめに、分量は最小限にします。こういうときは、野菜のポタージュやおかゆなどが特におすすめです。

夜遅くに運動をし、夕食が深夜になるとわかっている場合は、運動前、運動直後、就寝前と、複数回に分けて必要な栄養とエネルギーを摂るように心がけてくださいね。

朝の運動の前と後、朝ごはんのかしこい食べ方

起き抜けの運動には水とフルーツ 運動後にしっかりと朝ごはんを

朝、目が覚めてすぐにジョギングなどの運動をするという人も最近は増えてきたのではないでしょうか？ 朝日を浴びながら身体を動かすのは気持ちがいいですね。ただし、起き抜けに何も食べずに運動をするのは危険です。

人間は睡眠中にも多くの水分とエネルギーを消耗しており、朝は体温も低くなっています。けがを防ぐためにも、運動のエネルギー源を補うためにも、まずは朝ごはんを食べて身体を目覚めさせることが必要です。

といっても重すぎる食事は逆効果。血液が消化器官に集中し、胃袋に食べ物がたくさんあるせいで、気分が悪くなることがあります。

そこで運動直前には、水やフルーツなどで必要最低限の栄養を補給するだけにとどめましょう。そして、運動を終えた後は、改めてきちんとした朝食を摂ってください。

慌ただしい朝の時間、ゆっくり時間をとれるという人は少ないかもしれませんが、朝ごはんは1日のスタートです。日中の活動に必要な糖質、体温を上げるタンパク源、不足しがちな水分をしっかりと補い、バランスのよい朝食を心がけましょう。そうすることで体内リズムが整い、夕方以降の運動でもしっかりと身体が動き、成果が出やすくなるのです。

運動を効果的に続けていくためにも、毎日の朝ごはんはとても重要なんですよ。

甘いものを食べるなら運動直後がベスト

運動後30分以内の糖質補給で、疲労回復を　ダイエットの敵、お菓子も少量ならOK！

男性も女性も、甘いものが好物という人は多いですよね。脂肪分や糖質が多いクッキーやチョコレートなどのお菓子類は、体脂肪の蓄積や肥満につながりやすいため、ダイエットを考えている人には大敵といわれています。

しかし、運動後にすばやく疲労回復を図るには、こうしたお菓子類や果物など「舌に甘く感じる食べ物」を早めに摂取することが、実は効果的なのです。

スポーツクラブでのトレーニングの後や激しい運動後は、身体に疲労がたまっている状態です。こんなとき、運動中に下がってしまった血糖値をすみやかに上げ、疲労を回復させるのに、砂糖や果物に含まれる甘く感じる糖質が有効とされています。

ごはんやパンなどの甘く感じない糖質とは違って、甘く感じる糖質は、体内で吸収されてエネルギーになるまでの時間が短く、血糖値をすばやく上げてくれます。そのうえ、体内への蓄積も効率よく行なわれ、安定して身体中に行き渡ります。

オリンピックに出場した日本女子ソフトボールチームは、練習後には必ずオレンジジュースを飲む、という習慣があるそうです。迅速な糖質とビタミンなどの補給で元気を取り戻しているわけですね。

「甘いものが大好きでダイエット中だけどどうしても食べたい！」という人も、運動後のご褒美として、好きなお菓子を少し食べるのもいいでしょう。ただし食べすぎにはご注意を。

筋肉をつけたい人は、3度の食事としっかりトレーニングを

過剰なタンパク質摂取は必要なし サプリメントより食材から栄養素を摂取しよう

「筋肉のついた、たくましい身体をつくりたい」という理想を持ってスポーツクラブに通う人は大勢います。中には、3度の食事に加えてタンパク質の元となるアミノ酸のドリンクを飲んだり、プロテインのサプリメントを摂取したりして、筋肉増強を図ろうとする人もいるくらいです。しかし、実はタンパク質を必要以上に摂取しても筋肉づくりには役立たないことをご存知ですか？

確かに人間の身体にとってタンパク質は必要不可欠です。健康な人にとって1日あたりのタンパク質摂取の適量は、体重1kgあたり約1g前後。つまり60kgの人なら60g、50kgの人なら50gが目安と言われています。これが不足すると筋肉量が減り、基礎代謝量も下がってしまい、身体にさまざまな不調をもたらします。といっても、適量以上に摂取したタンパク質は、使われないばかりか脂肪として蓄積されてしまいます。

また、ひとくちにタンパク質といっても、実は20種類のアミノ酸が複雑に絡み合ってできたもの。サプリメントなどで単体のアミノ酸の量を増やすより、肉や卵、魚介類、大豆製品、乳製品などをまんべんなく食べて、さまざまなバリエーションのタンパク質を摂取することが大切なのです。これが健康な身体づくり、ひいては筋肉のある整った身体づくりにつながります。

筋肉をつけるには、三食をバランスよく食べたうえでしっかり筋力トレーニングに励む、これしかありません。理想の身体をつくるために近道はないのですね。

あなたの食生活の傾向は？

食行動のパターンを認識して生活を見直してみよう

健康な身体を手に入れるためには、自分に合った運動と適切な食生活が欠かせません。「食事にも気をつけているつもりだけど、すぐに太ってしまう」という悩みをお持ちの**あなたは、もしかすると無意識のうちに不適切な食行動パターンに陥っているのかも。**

あなたが知らず知らずのうちに、はまっている悪いくせは何か、間違った思い込みはないか、次のチェックリストから探しだしてみましょう。運動と同様、**食事についてもまずは自分の現状と傾向に気づくことから、対策が始まります。**

食行動のパターンは7つの特徴に分かれています。もしかすると、複数のパターンに当てはまるかもしれません。今一度、**あなたの食生活を客観的に見つめ直し、日頃の思い込みやくせ、行動から見直していきましょう。そして、どう改善できるかを考えてみましょう。**

食行動パターンチェックリスト

まったくそのとおり → 4
そういう傾向がある → 3
時々そういうことがある → 2
そんなことはない → 1

下の設問に対して、(　)に点数をつけます。①〜⑦のうち、(　)の合計点数が最も高いところがあなたの改善ポイントです。食べ方のくせやずれを認識し、適切な食生活を目指しましょう。

1 体質にや体重関する思いこみ

(　　)水を飲むだけで太るほうだ
(　　)他人よりも太りやすい体質だと思う
(　　)それほど食べていないのにやせない

実際は食事の摂取エネルギーが、消費エネルギーを上回っているのに、それを正しく認識せず、「太るのは体質のせいだ」と思いこんでしまう。

2 空腹感のずれ

(　　)空腹になるとイライラする
(　　)料理はつい多めに作ってしまう
(　　)食料品は必要な量よりも多めに買ってしまう

自分がどれくらい空腹かを感じる感覚がずれており、必要以上の食事を用意してしまう。

3 お腹が空いていないのに食べるくせ

(　　)何もしていないと、つい何か食べてしまう
(　　)目の前に食べ物があると、つい手が出てしまう
(　　)イライラしたり心配ごとがあったりすると、食べてしまう

無意識に、日常行動の中に食が占める割合が高くなっている。感情や衝動にまかせて食べてしまう。

4 満腹感のずれ

(　　)満腹まで食べないと気が済まない
(　　)食後でも好きなものなら食べられる
(　　)食べすぎた後で後悔することがよくある

実際は十分な量の食事を済ませているにもかかわらず、満腹を感知する感覚がずれており、必要以上の分量まで食べてしまう。

5 食べ方のくせ

(　　)食べるのが人より早い
(　　)よく噛まずに飲みこんでしまう
(　　)テレビや雑誌を見ながら、食べてしまう

よく咀嚼せずに、食事を飲みこんで早食いしてしまうため、満腹感を感じられない。ながら食いによって食事に意識が向かず、多く食べてしまいがち。

6 食事内容の偏り

(　　)スナック菓子やファーストフードをよく食べる
(　　)味つけは濃いほうが好みだ
(　　)油っこいものが好きである

普段の食事に栄養の偏りがあり、脂肪分、糖分、塩分が多い食事を好む。そのため摂取エネルギーが高くなったり、脂肪がつきやすくなったりする。

7 食生活リズムの偏り

(　　)食事の時間が不規則である
(　　)朝食を摂らない
(　　)間食や夜食を摂ることが多い

決まった時間に食事をしないため、摂取エネルギーが高くなったり栄養バランスが偏ったりする。就寝前に食事を摂ることで脂肪がつきやすくなる。

『肥満症治療マニュアル』（吉松博信著・坂田利家編）、医歯薬出版、1996 を参考に作成

あの食品は、どれくらいの運動で消費できる？

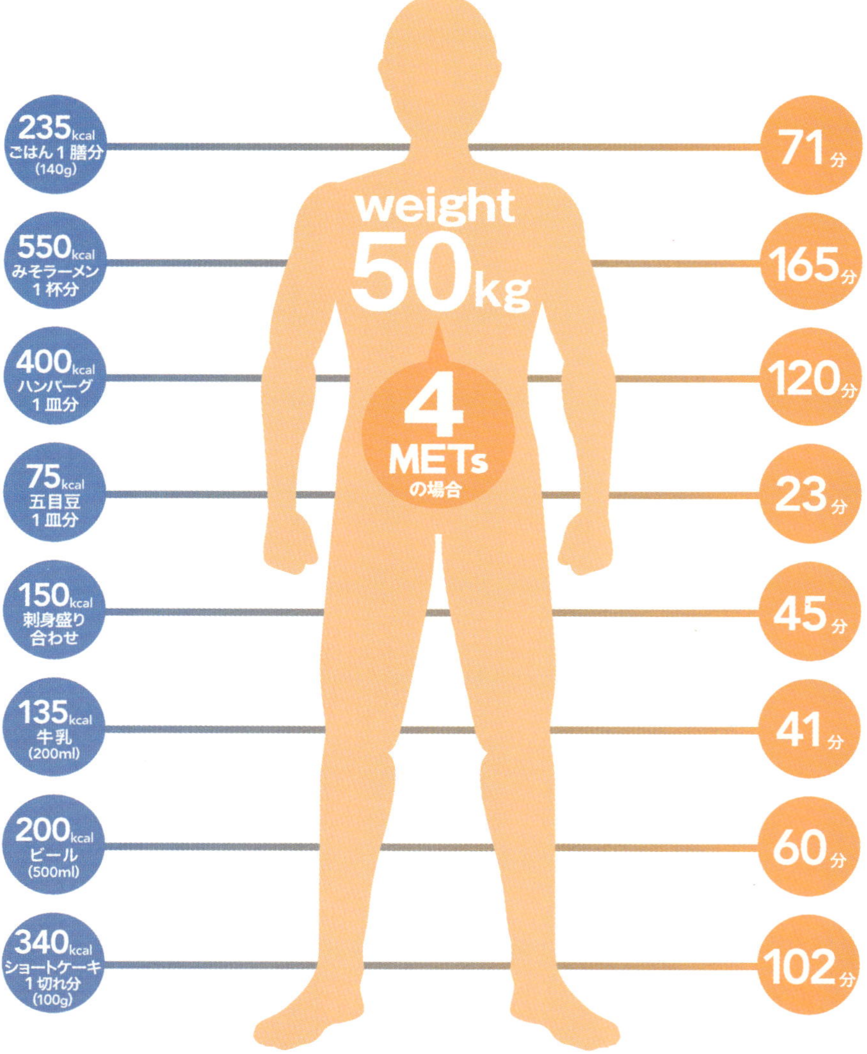

食品のエネルギーは、どの程度の運動で消費されるのでしょう。いくつかの食べ物のエネルギー（カロリー）とその消費に必要な運動時間との対応関係を、体重別に見てみましょう。
この表を目安に、普段の食生活と身体活動のバランスを振り返ってみてください。

● 4METs（速歩、卓球、自転車など）

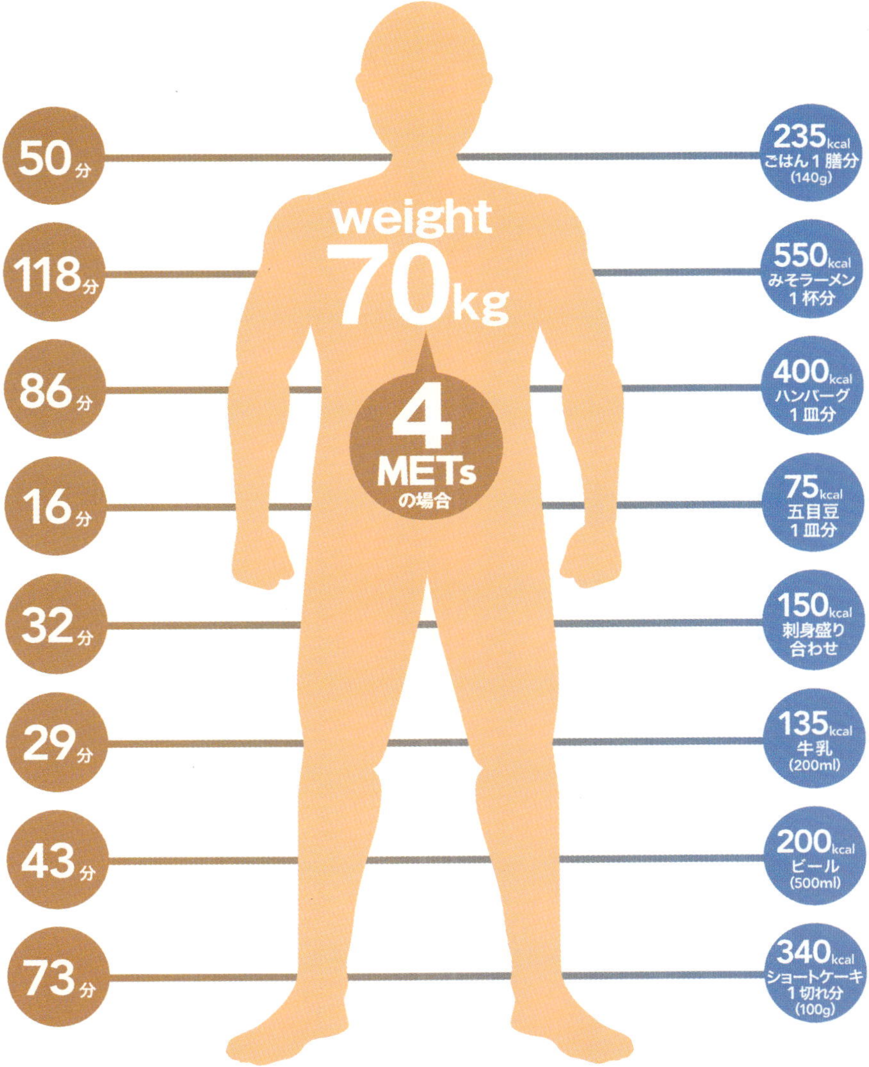

※食品のエネルギーは一般的な内容のもので概算しています。

Column 4

どれだけ食べるといい？

　スポーツクラブを利用する人の中には、「結局のところどれくらい食べて大丈夫なの？」と疑問を持つ人が大勢います。ダイエットを行なっている人にとっても、健康な身体を維持しようという人にとっても、摂取できる食事の量というのは気になるものですよね。しかし、一日に必要な食事の量は、体重や性別、年齢、一日の活動量によって異なります。大切なのは自分が一日に消費するエネルギー（カロリー）量に見合った摂取エネルギー量を基準に調整することです。今の体重を維持したいときは、消費量と同程度のエネルギーを食事で摂ればいいですし、理想の体重があるときはそれを目安に摂取量を調整すればいいのです。

　ではその計算方法をご紹介しましょう。

あなたの１日の推定エネルギー必要量(kcal)※1 ＝ 基礎代謝基準値※2 × 現在の体重(kg) × 身体活動レベル※3

※1：今の生活を維持していくための目安のエネルギー量。
※2：生きるために最低限必要な1日あたりの消費エネルギー量(基礎代謝量)を体重でわった基準値。年齢、性別、体格で異なる。(表１参照)
※3：日常生活の内容・スタイルによる身体活動の強度や量の指標。(表２参照)

例）30歳女性 50kg、「いまの体重を維持したい」主婦Ａさんの場合

Ａさんの１日のエネルギー摂取量の目安

Ａさん
消費カロリー：21.7×50×1.5= 約 1630kcal
体重維持に必要な摂取カロリー：1630kcal 前後。

表１

	男 性	女 性
年 齢	基礎代謝基準値 (kcal/kg/日)	
1～2	61	59.7
3～5	54.8	52.2
6～7	44.3	41.9
8～9	40.8	38.3
10~11	37.4	34.8
12~14	31	29.6
15~17	27	25.3
18~29	24	22.1
30~49	22.3	21.7
50~69	21.5	20.7
70以上	21.5	20.7

表２

身体活動レベル		低い（I）	ふつう（II）	高い（III）
		1.5※a (1.4～1.6)	1.75 (1.6～1.9)	2 (1.9～2.2)
日常生活の内容3		生活の大部分が座位で、静的な活動が中心の場合	座位中心の仕事だが、職場内での移動や立位での作業・接客等、あるいは通勤・買い物・家事、軽いスポーツ等のいずれかを含む場合	移動や立位の多い仕事への従事者。あるいは、スポーツなど余暇における活発な運動習慣をもっている場合
個々の活動の分類（時間/日）	睡眠（0.9）※b	7～8	7～8	7
	座位または立位の静的な活動 (1.5:1.0～1.9)	12～13	11～12	10
	ゆっくりした歩行や家事など低強度の活動 (2.5:2.0～2.9)	3～4	4	4～5
	長時間持続可能な運動・労働など中強度の活動（普通歩行を含む）(4.5:3.0～5.9)	0～1	1	1～2
	頻繁に休みが必要な運動・労働など高強度の活動 (7.0:6.0以上)	0	0	0～1

※ａ 代表値。( ) 内はおよその範囲。
※ｂ（　）内は METs 値（代表値：下限～上限）。
厚生労働省「日本人の食事摂取基準」(2010年版) より抜粋

付録

カラダ＆生活ダイアリー

日々の身体の状況、食事・生活活動を記入していきましょう。
少しずつでも、毎日つけることが大切です。

あなたの今日のがんばりは？ 8 点／10点満点

●今日の生活活動

運動名	METs	時間・回数	消費エネルギー
通勤・徒歩	4 METs	10 分 2 回	約 90 kcal
	METs	分 回	約 kcal
	METs	分 回	約 kcal
	METs	分 回	約 kcal
	METs	分 回	約 kcal
	METs	分 回	約 kcal
	METs	分 回	約 kcal

消費エネルギーはMETs×体重×時間で導き出せます。

●今日の運動

運動名	METs	時間・回数	消費エネルギー
スポーツクラブ自転車	4 METs	20 分 1 回	約 90 kcal
ウエイト（足・腹・胸）	3 METs	10 分 1 回	約 35 kcal
ウォーキング	4 METs	20 分 1 回	約 90 kcal
	METs	分 回	約 kcal
	METs	分 回	約 kcal
	METs	分 回	約 kcal
	METs	分 回	約 kcal
	METs	分 回	約 kcal
	METs	分 回	約 kcal
	METs	分 回	約 kcal
	METs	分 回	約 kcal

消費エネルギー計 305 kcal

記入例

2009年 6月25日

体重 70.0 kg	体脂肪率 18.3 %	睡眠時間 7 時間 分
体調 8 点／10点満点	体温 36.2 ℃	便通 有・無

今日の食事メニュー			摂取エネルギー
朝 食  (7:00)	ごはん1杯	焼き魚(鮭)1切れ	約 580 kcal
	たくあん 3切れ	みそ汁 1杯	
昼 食  (12:30)	ごはん1杯	酢豚	約 710 kcal
	卵スープ		
夕 食  (21:00)	お茶漬(鮭) 1杯	刺身盛り合わせ 1人前	約 750 kcal
	アスパラベーコン 1人前	柳川鍋 1人前	
間食・アルコール  (15:30)	コーヒー (ミルク・砂糖1杯)	ビール中ビン 1本(夕食時)	約 240 kcal

摂取エネルギー合計 2280 kcal

あなたの今日のがんばりは？

点／10点満点

●今日の生活活動

運動名	METs	時間・回数	消費エネルギー
	METs	分　回	約　kcal
	METs	分　回	約　kcal
	METs	分　回	約　kcal
	METs	分　回	約　kcal
	METs	分　回	約　kcal
	METs	分　回	約　kcal
	METs	分　回	約　kcal

●今日の運動

運動名	METs	時間・回数	消費エネルギー
	METs	分　回	約　kcal
	METs	分　回	約　kcal
	METs	分　回	約　kcal
	METs	分　回	約　kcal
	METs	分　回	約　kcal
	METs	分　回	約　kcal
	METs	分　回	約　kcal
	METs	分　回	約　kcal
	METs	分　回	約　kcal
	METs	分　回	約　kcal
	METs	分　回	約　kcal

消費エネルギー計　　kcal

カラダ＆生活ダイアリー

20　　年　　月　　日

体重 kg	体脂肪率 %	睡眠時間 時間　　分
体調 点／10点満点	体温 ℃	便通 有　・　無

今日の食事メニュー			摂取エネルギー
朝　食 （　：　）			約 kcal
昼　食 （　：　）			約 kcal
夕　食 （　：　）			約 kcal
間食・アルコール （　：　）			約 kcal

摂取エネルギー 合計	kcal

カラダ変化グラフ

目標とする身体の状態を見すえながら、日々の体重、体脂肪率の変化をチェックします。この変化を参考にして身体活動や食事を調節していきましょう

目標	7月　31日	
	体重　71 kg	体脂肪率　23 %

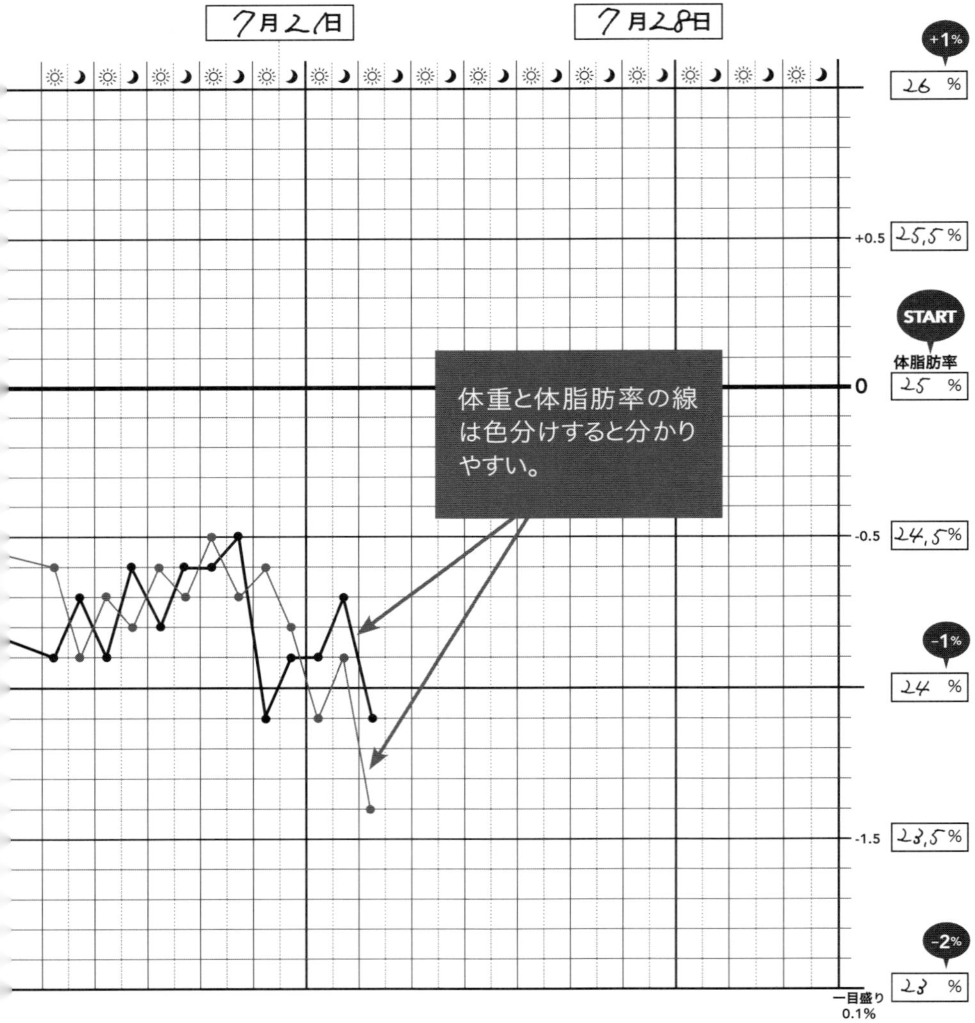

●終了時のカラダは（　　月　　日）

体重	体脂肪率
kg	%

記入例

2009年7月1日水曜日～2009年7月31日土曜日

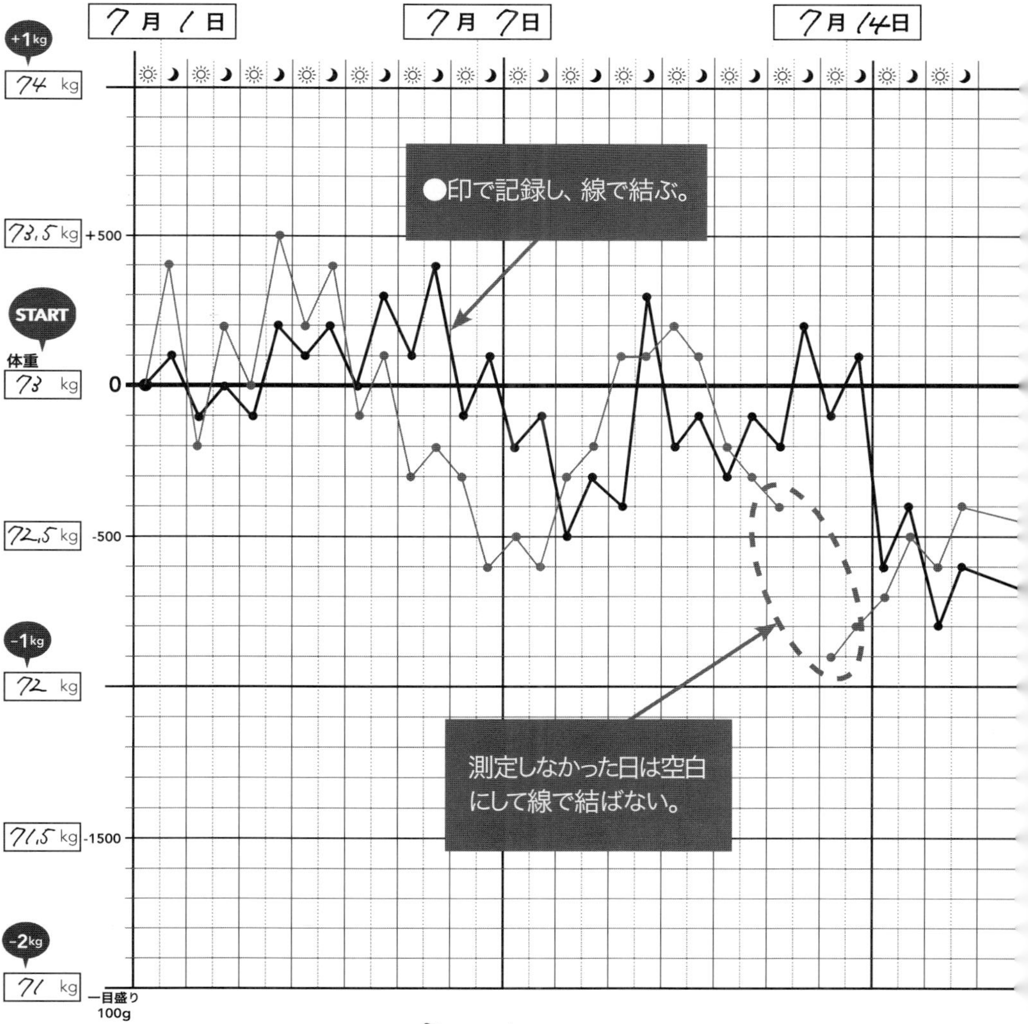

●現在のカラダは（7月1日）

体重	体脂肪率
73 kg	25 %

目標	月　　日	
	体重　　kg	体脂肪率　　%

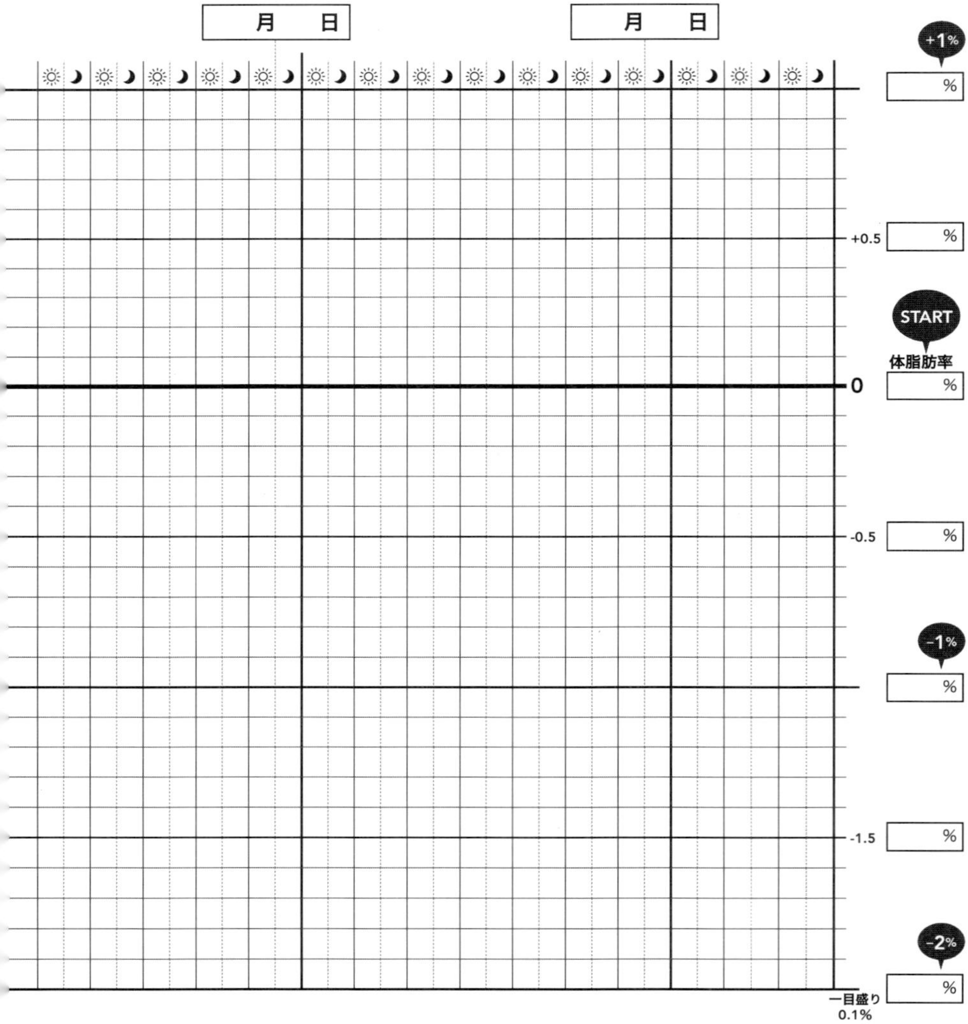

●終了時のカラダは（　　月　　日）

体重	体脂肪率
kg	%

カラダ変化グラフ

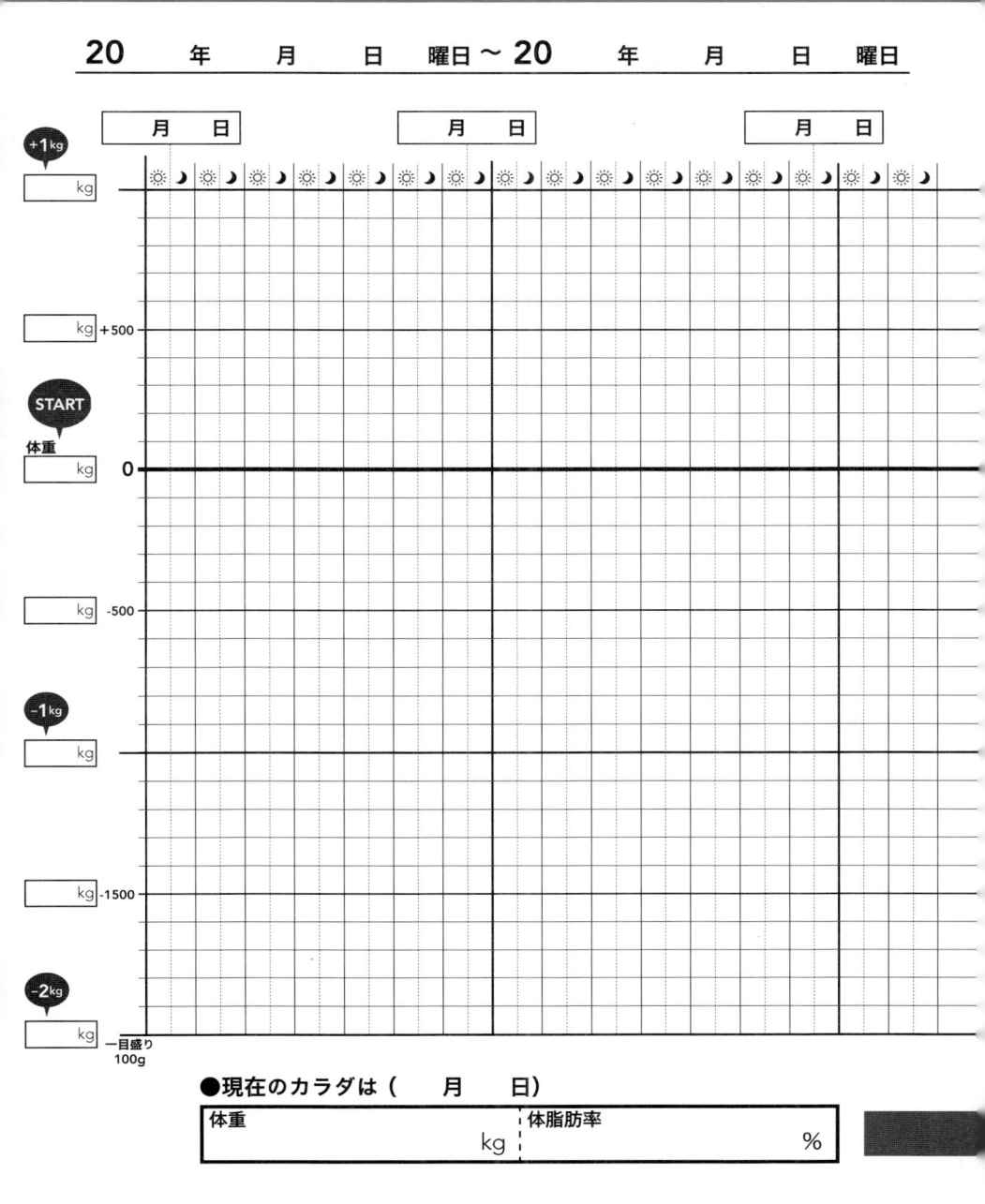

20　　年　　月　　日　曜日 ～ 20　　年　　月　　日　曜日

月　日　　月　日　　月　日

+1kg
kg

kg　+500

START
体重
kg　0

kg　-500

-1kg
kg

kg　-1500

-2kg
kg

一目盛り
100g

●現在のカラダは（　月　日）

体重	体脂肪率
kg	%

なぜＭＥＴｓが注目されているか

ＭＥＴｓ（メッツ）は正式名をmetabolic equivalents（代謝当量）といい、アメリカのスポーツ医学会によって数値化された運動強度指数です。日常生活での活動や運動の際に身体にかかる強さ、いわば「しんどさ」や「疲れ具合」を数値で表したものがＭＥＴｓ。座って安静にしている状態を１ＭＥＴｓとし、これを基準にその他の運動の強度を表します。たとえば普通の速度で歩くなら３ＭＥＴｓ、自転車に普通に乗れば４ＭＥＴｓ、水泳は８ＭＥＴｓといった具合ですね。

なぜＭＥＴｓという単位を使うようになったか。それは運動によって人が消費するエネルギー（カロリー）と関係があります。肥満や生活習慣病の予防のために、減量を目的とした運動を行なう場合、これまでは理想のＢＭＩに向かって必要な消費カロリーを基準値として用いることが一般的でした。しかしカロリーという単位には大きな落とし穴があったのです。

詳しく知りたい方へ

をより深く知るために、本書の監修者である埼玉医科大学の奥真也先生に経緯を伺いました。

同じ運動をしても、**体重や基礎代謝量の差**によって個人が消費できるエネルギー量は**大きく異なる**のです

「しんどさ」や「疲れ具合」を数値で表したものがMETs

METsをもっと

本書でご紹介してきたMETs（メッツ）
METsの詳しい説明と、測定に至る

カロリーの落とし穴

食事から得られる摂取エネルギー量（摂取カロリー）は、（消化吸収や胃腸に問題がなく健康であれば）万人にとってほぼ同じです。たとえば350kcalのケーキを食べれば、誰もが350kcalを体内に取り込むことになります。しかし消費はそうではありません。同じ運動をしても、体重や基礎代謝量の差によって個人が消費できるエネルギー量（消費カロリー）は大きく異なるのです。たとえば、1時間ジョギングすれば約350kcalを消費できるというのは、あくまで標準的な体重と年齢の人物を想定した上での仮の消費エネルギー。基礎代謝量が2倍の人なら消費エネルギー量も2倍になるのです。つまりこれまで自分が消費していると誤解していたカロリーは、あなたにとって正しい消費カロリーではなかった。これがカロリーの落とし穴です。

個人の身体活動における正確な消費カロリーはいくらか？　それを正確に計算することを可能にしたのが、ＭＥＴｓです。ＭＥＴｓの数値に自分の体重と運動時間をかけることで、正しい消費カロリーが簡単に導き出せるのです。

ヨガというエクササイズをひとつとっても、ポーズごとにMETsは大きく違います

国内でのMETsの認知度

日本では、２００６年に厚生労働省が「健康づくりのための運動指針２００６」というエクササイズガイドを発表し、メタボリックシンドロームをはじめとする生活習慣病の発症を

METsをもっと詳しく知りたい方へ

健康管理の新しい指標——METs

もともと私がＭＥＴｓに興味を持ったのは、生活習慣病やメタボリックシンドロームの予防のために、個人の体重に合った正しいエネルギー消費量をわかりやすく皆さんに伝えたいと思ったことがきっかけでした。実際にＭＥＴｓを測定してみると、メタボリックシンドロームや肥満の方などが行なえる心臓に負担がかからない運動はどれかが明確にわかりました。

たとえば６〜７ＭＥＴｓ以上の運動は体への負担が大きすぎるけれども、３〜４ＭＥＴｓ以下の運動を長い時間行なえば、無理をすることなく健康管理ができることが明らかになったのです。このようにＭＥＴｓは運動をする際の安全性をはかる目安となる大切な数値です。今後、私の専門分野である健診を含め、ＭＥＴｓを使ったさまざまな研究や商品開発が盛んになり、ＭＥＴｓを利用する機会が広まっていくことは間違いないでしょう。

予防するための身体活動量（運動量・生活活動量）の基準値としてＭＥＴｓを紹介しました。ＭＥＴｓ×身体活動時間の単位をＥｘ（エクササイズ）とし、週に23Ｅｘ以上の活発な身体活動（運動と生活活動）が、生活習慣病を防ぐ健康な身体づくりに役立つと呼び掛けています。また、任天堂のゲームソフト「ＷｉｉＦｉｔ」でもＭＥＴｓの概念が紹介されています。

しかし、厚生労働省のエクササイズガイドに掲載された「身体活動と運動の強度——メッツ（ＭＥＴｓ）表」はまだまだ具体例やバリエーションが少なく、特に運動におけるＭＥＴｓの測定種目の不足が大きな課題として残されていました。

そこで私は、関西医大教授であり健康科学センター長の木村穣先生と共同で、陸上と水中の運動について、それぞれ30項目にわたる詳細なＭＥＴｓの数値を測定しました。運動中に吐く息に含まれる二酸化炭素の量を測る特別な装置を使い、そこから身体に取り込まれた酸素消費の量を導き出すことで、運動強度を測ったのです。本書ではこの測定結果をもとに、一連のＭＥＴｓ測定値を掲載しています（Ｐ１５５表参照）。たとえばヨガというエクササイズをひとつとっても、ポーズごとにＭＥＴｓは大きく違います。この表を参考に、効率的なトレーニングを模索してみてください。

個人の体重に合った正しいエネルギー消費量をわかりやすくみなさんに伝えたい

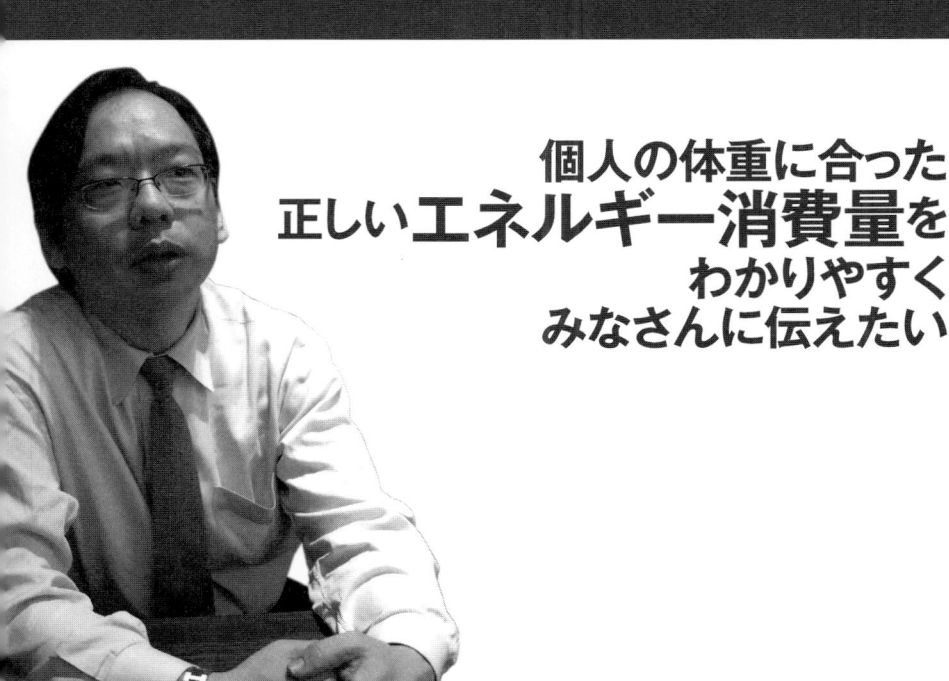

METs一覧表

●本書で紹介しているトレーニングのMETs

METs	運動名	掲載ページ
8.8	ダンベルクリーン&プレス	51
8.0	バービー	66
8.0	スクワットジャンプ	68
8.0	スプリットジャンプ	69
8.0	サーキット	80
8.0	フォワードバウンディング	93
7.2	ボールバウンドウォーク（リングあり）	122
7.0	シザース	67
7.0	クロストレーナー	79
7.0	ジョギング	35
6.7	ツイスティングランジ&ウォーク	77
6.5	ランジ&ウォーク	76
6.2	ボールツイストアブドミナル	125
6.0	ランジ	41
6.0	プッシュアップジャンプ	54
6.0	ウォーキング（マシン）	78
6.0	ニーアップジャンプ	92
6.0	ボールシャクトリー	127
5.0	ウォーキング	34
5.0	フロントランジ	40
5.0	片足スクワット	57
4.0	スクワット	56
4.0	レッグプレス	65
4.0	レッグカール	111
4.0	ヒップエクステンション	111
3.9	プッシュアップ	36
3.9	リバースプッシュアップ	62
3.8	ツイスティングアイソメトリックアブドミナル	89
3.8	ボールヒップリフト	126
3.7	ダンベルトランクローテーション	91

METs	運動名	掲載ページ
3.5	ローイング	39
3.5	ダンベルサイドレイズ	50
3.5	ダンベルアームカール	52
3.5	バックキック	64
3.5	ダイアゴナルバランスエクステンション	86
3.5	ダイアゴナルトランクエクステンション	87
3.5	ダイアゴナルトランクカール	88
3.5	トランクローテーション	90
3.5	ニートゥチェスト	102
3.5	レッグレイズ	102
3.5	ロータリートーソ	103
3.5	アブドミナル	103
3.5	ベントオーバーサイドレイズ	104
3.5	ベントオーバーセミフロントレイズ	105
3.5	ヒップリフト	110
3.5	サイドライヒップリフト	110
3.5	ダンベルショルダープレス	113
3.5	サイドレッグレイズ	117
3.5	ボールツイストトランクカール	123
3.5	ボールバックエクステンション	124
3.2	ツイスティングエキセントリックアブドミナル	75
3.1	ベンチプレス	55
3.0	ワンハンドローイング	38
3.0	トライセプスプレスダウン	63
3.0	エキセントリックアブドミナル	74
3.0	ツイスト腹筋	101
3.0	カーフレイズ	109
3.0	ボールアブドミナル	125
3.0	サイドベント	116
2.8	チェアプッシュアップ	37

METs	運動名	掲載ページ
2.7	トランクカール	42
2.7	サイドライシットアップ	101
2.7	ボールトランクカール	123
2.5	トランクカール(手を床に)	43
2.5	コンセントレーションカール	53
2.5	ボールレッグカール	127
2.0	胸のストレッチ(中)	106
2.0	胸のストレッチ(上下)	106
2.0	シーテッドカーフレイズ	109
2.0	ドッグ&キャットエクササイズ	118

METs	運動名	掲載ページ
2.0	サイドライローテション(外旋)	114
2.0	サイドライローテション(内旋)	114
1.7	ボールバランス(リングあり)	121
1.5	ストレッチポール(胸・肩こう骨)	107
1.5	ストレッチポール(ゆらぎ)	107
1.5	ストレッチポール(腕の外転)	115
1.5	ストレッチポール(床みがき)	115
1.5	ストレッチポール(対角)	119
1.5	ストレッチポール(片足上げ)	119

※右ページ表と上記表にてグレーになっている運動の METs は、実測値です。その他は、この実測 METs をベースに一定の方式にのっとって推測した数値です。

●その他の実測METs

陸上の運動

METs	運動名
2.7	ボールバウンド【リングなし】
3.4	ボールプッシュアップ(膝を床につける)【リングなし】
3.6	ボールプッシュアップ(膝を床につけない)【リングなし】
7.3	ボールバウンドウォーク【リングなし】
6.7	ダンベルフロントランジ&ツイスト
3.1	バーベルエクササイズ(あお向けでの複合的な動き)
5.4	バーベルエクササイズ(立位での複合的な動き)
4.6	ツイスト腹筋(椅子の上で)
9.3	ランニングマシン ウォーキング(6km/時) 10%の傾斜つき
9.7	ランニングマシン ジョギング(8km/時)
4.6	エアロビクス(ウォーキング)
8.5	エアロビクス(ウォーキングをベースにしたステップ)
14.3	エアロビクス(ジャンプをベースにしたステップ)
10.5	ステップ(踏み台昇降)
13.2	ステップ(踏み台昇降+腕の動き)
3～3.8	ヨガ(太陽礼拝)

水中の運動

METs	運動名
1.5	安静な状態
7.9	その場ウォーキング
7.4	ウォーキング(前歩き+手で横にかく)
7.1	ウォーキング(後ろ歩き+手で横にかく)
4.1	ウォーキング(大股歩きで前進+後進)
5.9	ウォーキング(横歩き+両手でかく)
4.1	ロッキング(身体を左右にゆらし足を踏み込む)
4.4	ロッキング(身体を前後にゆらしながら前進+後進)
5.3	ロッキング(身体を左右にゆらしながら左右に動く)
5.7	シザース(足を交互に左右させる)
7.6	その場ジョギング
8.2	ジョギング
5.6	ミットを使用した筋力トレーニング (ロッキングしながら背中を使う)
6.5	ミットを使用した筋力トレーニング (ロッキングしながら胸を使う)
4.2	格闘技エクササイズ(パンチ中心の動き)
5.0	格闘技エクササイズ(キック中心の動き)

※本一覧表に掲載している実測 METs は、ミナト医科学株式会社、アニマ株式会社の協力のもと、本書の著者および監修者が共同で測定したものです。
※髙家望ほか、臨床運動療法研究会誌、vol.12, NO.1, 2010 (in press) より

おわりに

読者の皆さんへ

実はこのMETsの登場に、私たちスポーツクラブのトレーナーも驚きました。「こんなに簡単に効果的に、運動や生活スタイルをデザインできるのか!」と。個人の目的や身体の状態に合わせて、どんな運動をどれくらい行なうか、その質と量を考えることはとても重要です。それを的確に示すMETsは、なりたい自分に近づく大きなヒントを与えてくれるものでした。無理なダイエットや過度なトレーニングに走ることなく、自分に適切な強さの身体活動と消費量を導き出せるのです。「今月は4METsのエクササイズ、つまり『ちょっと早歩き』を毎日30分やればOKだな!」、そんなふうに生活の中で気軽にMETsをとり入れてみてください。

スポーツクラブには日夜、さまざまな人が訪れます。そこで実感することは、健康や理想的な身体づくりには、運動や食事だけに気をつけるのではなく、エネルギー摂取と消費のバランスを、生活全体で考えながら調整することが不可欠だということです。その一つの切り口としてMETsはあなたの大きな羅針盤になるでしょう。

健康づくりや運動、食事のしかたは生き方そのものです。理想とする自分、理想とする生き方をイメージして、そのための方法を見つけ、自分らしく実践していくことが大切です。真の健康とは、元気な身体の実現はもとより、生き生きとした充実感を得ることなのですから。

どうぞ充実した人生をつくるきっかけとして、またあなた専用のトレーナーとして、本書をこれからも使い込んでいってください。困ったときにページを開けば、きっと運動や生活習慣へのヒントが見つかり、あなたの力になるでしょう。一人でも多くの方が、より健康で、なりたい身体を手に入れ、自分らしく生き生きとした豊かな毎日を送ることを、心から応援しています。

末筆ながら、本書を手に取っていただいた方と出版にあたってお力添えいただいたすべての方に心から厚く御礼申し上げます。

(株)東急スポーツオアシス
管理栄養士
髙家 望

監修者のことば

文化とは、ひっそりと生まれるものです。芸能人カップルの子のように生まれた瞬間から注目されることは少なく、生後しばらくは地味な赤ん坊。そのままシャボン玉のようにどこかに消えていく場合も……。

生まれたての携帯電話は、肩からぶらさがるオバケ装置。「これで携帯?」と電話会社の中でも評判はサンザンでした。天気予報の降水確率も同じ。予報の成績が上がって朝の定番情報になるのに20年以上かかりました。

この本の主役「METs」も、アインワース博士らが提唱したのは1993年と歴史は長いのですが、ずっと、学者の間だけで通用する「目立たない優等生」でした。生活習慣病が話題になり、ゲーム機の影響もあって、やっと出番が回ってきました。

食べ物のカロリー表示と同じくらい普通に、どこにでも、例えば、駅の階段や公園にもMETsが表示されて、METsのない時代が思い出せなくなる日はすぐそこまで来ています。考えてみると、入るほう(食べ物)は詳しく数値化されているのに、出るほう(運動)はそうでもないのはずいぶん変ですよね!

この本は、カッコつけていうと「文化創造」を目指しています。まずは気楽に手にとってみてください。

埼玉医科大学　総合医療センター放射線科　准教授
奥　真也

「身体は動かしたいけれど、どんな運動を、どれくらいすればいいのか……」
これは患者さんのみならず、われわれスポーツドクターにとっても非常に難しい問題でした。なぜなら、「どの運動がどれくらいのエネルギーを消費しているのか」という疑問にしっかり答えてくれる参考書がこれまで存在しなかったからです。

本書は、METsを用いてこの疑問に明確な答えを提示しており、「どんな運動をどれくらいすればいいのか」という疑問を解消してくれました。あとは目標を決めて着実に1つ1つ、運動をこなしていくのみ。決して欲張らず、少しずつ進んでいくことがコツです。きっと本書は、運動の基本をしっかり教えてくれる、最も頼りになる1冊となることでしょう。あなたの健康のための教科書なのです。

関西医科大学　健康科学科　教授
木村　穣

著者紹介

TOKYU SPORTS

OASIS

株式会社東急スポーツオアシス

全国的に店舗を展開する総合フィットネスクラブ。健康で豊かな人生の実現を願うすべての人々に、心のこもったおもてなしで、上質な空間と健康プログラム・リラクゼーションを提供している。幅広い世代のニーズに応えるきめ細やかなサービスと、多彩な施設やプログラムには定評がある。単なる施設の提供ではなく、健康的な生活スタイルの提案を通じて、人々の生涯にわたるQOL（Quality of Life）の向上を目指している。

www.sportsoasis.co.jp

髙家 望

東急スポーツオアシス
プログラム企画エキスパート・管理栄養士

運動・栄養・健康に関する各種プログラム開発とトレーナーの育成を手がけ、自らセミナーやカウンセリング・トレーニング指導も行なう。一人でも多くの人が、心身ともに健康で豊かな生涯を送るための支援をすべく、日々取り組んでいる。

監修者紹介

奥　真也

埼玉医科大学 総合医療センター放射線科 准教授。
1988年東京大学医学部卒。2004年6月より東京大学医学部附属病院22世紀医療センター健診情報学講座准教授、同年12月より埼玉医科大学総合医療センター放射線科准教授（兼任）。専門は医療情報学、放射線医学、医療ビジネス論。未来の健診の研究等を行なっている。

木村　穣

関西医科大学 健康科学科 教授。
1981年関西医科大学卒。2002年より同心臓血管病センター准教授。循環器専門医、日本体協公認スポーツドクター、健康スポーツ医、日本心臓リハビリテーション学会理事、NPO JAMPS（日本メディカルパーソナルサポート協会）理事長。

METsで始める
ボディデザイン

スポーツクラブだけが知っている
トレーニング成功の秘訣！

発行日　2009年8月5日　第1版　第1刷 発行

著者　株式会社東急スポーツオアシス
　　　髙家　望（たかや・のぞむ）

監修者　奥　真也（おく・しんや）
　　　　木村　穣（きむら・ゆたか）

発行人　原田英治

発行　英治出版株式会社
　　　〒150-0022 東京都渋谷区恵比寿南1-9-12 ピトレスクビル4F
　　　電話：03-5773-0193　FAX：03-5773-0194
　　　URL　http://www.eijipress.co.jp/

出版プロデューサー：秋元麻希

スタッフ：原田涼子、鬼頭穣、高野達成、大西美穂、岩田大志
　　　　　藤竹賢一郎、デビッド・スターン、山下智也

印刷　Eiji 21, Inc., Korea

アートディレクション　烏頭尾秀章（alaka graphis）

デザイン　岩本憲二（alaka graphis）

編集協力　大橋健（東京大学医学部附属病院 医学博士）

執筆協力　松野泰子

撮影　権藤和也

撮影コーディネート　株式会社ゲッティ イメージズ ジャパン

モデル　川杉祥子、山崎真也（ともに東急スポーツオアシス）

イラスト　安ケ平正哉

［検印廃止］ISBN978-4-86276-059-3 C0075